청년, 니체를 만나다

청년, 니체를 만나다 : 나를 떠나는 즐거움

발행일 초판3쇄 2022년 10월 25일 | **지은이** 정건화
펴낸곳 북드라망 | **펴낸이** 김현경 | **주소** 서울시 종로구 사직로8길 24 1221호(내수동, 경희궁의아침 2단지) |
전화 02-739-9918 | **이메일** bookdramang@gmail.com

ISBN 979-11-86851-83-8 03100 | 이 도서의 국립중앙도서관 출판예정도서목록(CIP)은 서지정보유통지원
시스템 홈페이지(http://seoji.nl.go.kr)와 국가자료공동목록시스템(http://www.nl.go.kr/kolisnet)에서 이용
하실 수 있습니다.(CIP제어번호: CIP2018035457) | **Copyright ©** 정건화 저작권자와의 협의에 따라 인지는
생략했습니다. 이 책은 지은이와 북드라망의 독점계약에 의해 출간되었으므로 무단전재와 무단복제를 금합니
다. 잘못 만들어진 책은 서점에서 바꿔 드립니다.

책으로 여는 지혜의 인드라망, 북드라망 www.bookdramang.com

NIETZSCHE

청년, 니체를 만나다
정건화 지음

나를 떠나는 즐거움

BookDramang
북드라망

나는 조금 더 가벼워졌고 조금 더 건강해졌다

나는 군대를 갓 제대한 2016년 봄부터 혜화동에 있는 (지금 내가 이 머리말을 쓰고 있는) 이곳 '규문'에서 공부하고 있다. 매일같이 연구실에 나와서 밥을 해 먹고, 청소를 하고, 수다를 떨고, 산책을 하는 와중에 간간이 책도 읽고, 강의도 듣고, 글도 쓰고 있다. 2년 남짓 한 시간 동안 나의 공부는 새로운 만남들로 가득했다. 채운 선생님을 비롯한 여러 스승님들, 한 명 한 명 너무나 독특한 캐릭터를 지닌 연구실 친구들, 생전 접해 보지 못한 동서고금의 텍스트들. 이 책은 그러한 만남들로부터 비롯되었다. 나를 '나'인 채로 내버려 두지 않는 이 모든 마주침들이 아니었더라면 이 책은, 아니 한 꼭지의 글도 쓰여질 수 없었을 것이다. 혼자인 채였다면 하고픈 말도 할 수 있는 말도 좀처럼 생겨나지 않았을 거다.

수많은 만남들 중에서도 이 책의 중심을 이루는 것은 물론 니체와의 만남이다. 나는 10대 시절을 떠나보낸 직후 니체를 처음 읽었고, 2017년 초 니체전집 읽기 세미나를 시작한 이후 지금까지 계속 니체를 읽고 있다. 내가 니체에 '끌린' 것은 그의 화려한 문체와 파격적인 사유 때문이기도 하지만, 보다 근본적으로는 니체의 텍스트들이 나의 해석의지를 더없이 강하게 자극한다는 점 때문이다. 니체는 답을 주거나 방향을 제시하는 대신, 나를 둘러싼 모든 것들을 다르게 바라보고 다른 방식으로 생각하게끔 부추긴다. 진리, 도덕, 관습, 이론 따위의 것들이 주는 안락함에서 벗어나 나의 해석을 만들어 내도록 몰아세운다. 이것이 니체 읽기가 즐거운 이유이자 괴로운 이유다.

내게 쓰기는 읽기의 연장이었다. 우연한 기회로 니체를 읽고 글을 쓰게 되었을 때, 나는 니체의 철학을 학문적으로 해설하거나 니체의 사유를 빌려와 어설프게 현실을 진단하지 않으려 했다. 그렇게 할 수도 없었고, 하고 싶지도 않았다. 나는 나의 현재 속에서 니체를 해석하고 싶었다. 2018년을 살아가고 있는 지금 나의 기대, 좌절, 욕망, 기쁨, 분노, 편견, 오류와 더불어 니체와 만나고 싶었다. 그렇게 하는 것이 니체를 가장 즐겁게, 그리고 능동적인 방식으로 읽어 내는 길이라고 느꼈기 때문이다. 돌이켜보면, 나의 글쓰기는 나의 유일무이한 니체 독법을 만들어 내고 또 구체화하는 작업이었던 것 같다.

니체와의 만남은 나 자신과의 만남이기도 했다. 내게 글쓰기는 무언가를 새롭게 만들어 내는 일이기보다는 이미 갖고 있는 것들을 정리하는 일이었다. 내가 무겁게 짊어지고 있던 짐들을 내려놓는 일. 나는 글을 쓰며 온갖 것들에 대한 나의 막연한 환상들과 숙고되지 않은 전제들을 낯설게 보기를 시도했다. 그러한 과정을 통해 나는 처음으로 허세도 자기비하도 없이 나 자신과 마주할 수 있었고, 딱 그만큼 한때 나 자신이었던 것들을 떠나보낼 수 있었다. 그리고 지금은, 지금까지도 공부를 해왔고 지금도 공부를 하고 있지만, 이상하게도 이제야 비로소 나의 공부를 시작할 수 있을 것 같은 느낌이 든다. 글을 쓰는 동안 나는 조금 더 가벼워지고 조금 더 건강해졌다.

전체 3부로 구성되어 있는 이 책에서 나는 니체의 렌즈를 빌려 나 자신을, 그리고 나를 이루고 있는 무수한 타자들을 다르게 보고 그것들과 다르게 관계 맺을 수 있는 가능성들을 탐색하고자 했다. 프롤로그에서는 내가 어떻게 니체를 만났고, 내게 니체란 무엇이며, 니체를 읽는 것은 내게 어떤 경험이었는지에 대해 이야기했다. 1부에서는 '평범함', '냉소주의', '나르시시즘' 등의 키워드로 내가 '나 자신'이라고 믿고 있던 것의 정체를 파헤쳐 보았다. 2부에서는 '예술', '재능', '우정', '취향' 등, 나 자신을 둘러싼 온갖 것들에 내가 덧씌운 삶을 좀먹는 환상들을 돌아보았다. 그리고 3부에서는 '교양', '저항', '노동', '언어', '성', '정치' 등에 대해 내가 느끼는 '참을 수 없음'에 직면하여 그것들과 다른 방식으로 관계 맺을 수 있는 가능성을 사유하기를 시도했다. 에필로그에서는 공부를 시작한 이후 내가 겪은 변화들을 중심으로 내게 철학을 공부한다는 것은 무엇인지에 관해 이야기했다.

이 책은 많은 분들의 힘이 합해져 가까스로 완성될 수 있었다. 나를 포함한 연구실 청년들이 꾸준히 글을 쓰고 공부를 할 수 있도록 '글로벌 펀드'를 후원해 주신 분들, 적절한 관심과 무관심으로 나의 공부를 지원해 주신 부모님, 무모한 니체전집 읽기 세미나를 함께해 주신 '소니'(소리 내어 읽는 니체) 멤버 분들, 지금 이 순간에도 나와 함께 읽고 쓰는 일의 고통을 나누고 있는(사실 그보다는 맛있는 음식과 즐거운 수다를 훨씬 더 많이 함께하고 있는^^;) 연구실 친구들, 그리고 특히 초인적 인내심으로 처음 글을 쓰기 시작한 순간부터 이 책을 완성한 지금 이 순간까지 나를 이끌어 주신 채운 선생님께 무한히 감사드린다.

2018년 10월

정건화

차례

3부

우상의 황혼, 나의 서광
: 이제, 더 이상, 그리고 싶지 않습니다

NIETZSCHE

청년, 니체를 만나다

프롤로그

모든 사랑은
실패한다

한 철학자를 좋아하게 된다는 것

어떤 철학자를 좋아하게 된다는 것은 뭘까? 음악도 음식도 영화도 아닌 철학을, 그리고 철학자를 좋아하게 된다는 '이상한' 일은 대체 어떻게 일어나는 걸까? 나는 그러한 일은 매우 '의식적'이고 전적으로 '정신적'인 차원에서 벌어지는 일일 거라고 생각했다. 무언가 '이유'를 댈 수 있는 합리적 판단을 전제로 한 이성적인 지지 내지는 추종일 거라고. 좋아하게 되는 일은, 그 철학의 '타당함'(위대함, 탁월함…)에 '설득'되고 난 뒤에 이뤄지는 일일 거라고. 왠지 모르지만 그럴 것이고 그래야 한다고 믿고 있었다.

그러나 니체를 처음 읽었을 때, 나는 '이해'나 '의식적 판단' 이전 차원의 어떤 '끌림'을 느꼈다. 사실 니체의 철학이 아무리 위대한들, 니체와 나의 '마주침'이 일어나지 않는다면 내게 니체의 철학이란 아무것도 아니다. 그리고 그것을 만나는 나의 구체적 맥락과 무관하게 이루어지는 마주침이란 없다. 어떤 음악을 좋아하게 되는 과정을 생각해 보자. 우리는 처음에 악기 편성이 어떤지, 코드 진행이 어떻게 될지 모르면서도 '그저' 끌린다. 영화를 볼 때도 마찬가지다. 가끔은 우연히 어떤 한 쇼트만을 보고서도 내가 이 영화를 끝까지 집중해서 보게 되겠구나, 라는 느낌이 들 때가 있다. 그러한 '끌림'은 어떻게 발생하는 것일까? 나의 욕망, 습관, 체험, 신체 상태, 내가 그동안 보고 들어 온 영화와 음악 등등이 그 한순간에 작동하는 것이다. '끌림'이란 나와 대상의 예측 불가능한 마주침으로부터 발생한다. 내 선입견과는 달리 그것은 음악이나 영화만이 아니라 철학을 좋아하게 되는 경우에도 마찬가지였다.

　　고요한 폭풍과 같던(?) 10대 시절을 막 떠나보낸 직후, 나는 처음으로 니체를 만났다. 연구실 주변의 청년 프로그램에서 니체의 『도덕의 계보』를 처음 읽게 되었다. 읽자고, 읽으라고 하기에 그냥 읽었다. 어떤 개론서로도 강의로도 접해 보지 못한 채 다짜고짜 니체를 '날것'으로 만난 거다. 참으로 무모했다. 그러나 모든 마주침은 진정으로 예측 불가능한 것이다. 나는 쥐뿔도 이해하지 못하는 주제에 니체를 좋아하게 되어 버렸다(최근 『도덕의 계보』를 읽으며, '그때 나는 도대체 뭘 읽었던 것인가'라며, 난생처음 접하는 듯한 텍스트의 생경함에 놀라 버리긴 했지만, 뭐 그런 건 별로 중요치 않다). 니체는 라이프치히의 헌책방에서 쇼펜하우어의 『의지와 표상으로서의 세계』를 우연히 구입해 하숙집에 돌아와 "그의 책의 첫 페이지를 읽은" 순간 "확고하게 마지막 페이지까지 읽을 것을", 그리고 자신이 "그가 한 모든 말에 귀를 기울이는 독자"(니체, 『반시대적 고찰 Ⅲ』, 니체전집 2, 이진우 옮김, 책세상, 2005, 401쪽)가 될 것을 알았다고 말했다. 쑥스럽지만 나도 니체를 처음 읽고 그런 비슷한 것을 느꼈다.

　　니체를 처음 만난, 그 당시의 나는 누구였나? 니체를 좋아하게 되어 버린 나는 누구였을까? 나의 10대는 부정의 시기였다. 웃기지만, 난 이상주의자였다. 나에게 납득할 수 있는 진정한 이유나 의미 같은 것들이 주어지지 않는다면 모든 것을 거부할 준비가 되어 있었다! 학교도, 대학도, 직장도, 남들과 같은 삶도. 지금 생각하면 머리를 한 대 쥐어박고 싶은 당돌한 꼬맹이일 뿐이지만, 그땐 그게 나의 진실이었고 진심이었다. 나는 어차피 별거 없는 삶, 대충 살다가 일이 안 풀리면 절에라도 들어가겠다고 말하고 다녔다. 혹은 만화 대여점을 운영하면서 만화책으로 무료함을 달래며 평생 살고 싶다고도 말하고 다녔다. 그리고 20대 초반, 나는 어떤 전환기를 맞고 있었다. 10대 시절까지, 나는 순진무구하게 부정할 수 있었다. 나는 어렸고, 세상에 대해 아쉬울 게 없었다. 내 주변의 모든 것들은 내게 호의적이었다. 어린애다운 순결한 어리석음 속에서 나는 떳떳할 수 있었다. 그런데 고등학교를 졸업하자 나를 둘러싼 조건들이 달라졌고, 나의 이상주의는 도전에 직면했다. 너무나 예측 가능한 문제들이 서서히 내 발목을 잡아끌고 있었다. 어쨌든 이제 알바를 해야 하고, 군대를 가야 하고, 결국 뭔가를 업(業)으로 삼아야 할 텐데, 나는 그 모든 일들에 직면해서 나의 순결을 지키며 '모든 것'을 (다만 정신적으로라도) 계속해서 부정하고 거부할 수 있을까?

그러던 와중 읽은 게 『도덕의 계보』였다. 똥인지 된장인지 못 가리고 읽는 와중에도 니체의 날카로움은 절절하게 와 닿았다. 무언가를 선하다고 혹은 악하다고 판단해 온 그 모든 전제에 대한 깊은 회의. 그의 문장 하나하나는 그 자체로 잘 다듬어진 칼날들이었다. 언제 터질지 모를 폭탄들이었다. 그 무엇보다 나를 놀라게 했던 것은, 그러한 니체의 더없이 예리한 비판 속에 스며들어 있는 어떤 명랑함이었다. 그가 명랑한 말을 하거나 삶을 예찬한다는 뜻이 아니다. 그는 분명 누군가의 '세계의 전부'일, 누군가가 '삶의 진정한 의미'라고 믿고 있을 관념들과 관점들에 주저 없이 칼을 꽂고 사정없이 총질을 해대고 있었다. 그러나 이상하게도 거기서 느껴진 건 비장함이 아니라 가벼움이었다. 그의 비판에는 내가 익히 알아온 것들과는 다른 무언가가 있었다.

> 우리는 부정한다. 우리는 부정해야만 한다. 왜냐하면 우리 안에 있는 무언가가, 우리가 아직 알지 못하고 보지 못하는 무언가가 살아서 자신을 긍정하려 하기 때문이다!(니체, 『즐거운 학문』, 307절, 니체전집 12, 안성찬·홍사현 옮김, 책세상, 2005, 284쪽)

내가 가장 좋아하는 니체의 구절이다. 비판자로서 니체의 고결함은 그가 짊어진 짐의 무게로부터 비롯되는 것이 아니라 계속해서 이행하는 그 자신의 가벼움으로부터 비롯되는 것 같았다. 니체에게서는 삶의 무구함에 대한 깊은 신뢰 같은 것이 느껴진다. 이 세계 안에 그 자체로 부정되어야 할 것은 하나도 없다. '세계'가 무구한 만큼 '주체' 또한 결백하다. 다만 지금 여기서 나를 이런 방식으로 살게 하는 조건이 있을 뿐이다. 그리고 우리의 삶과 우리의 욕망은 늘 그러한 조건을 초과한다. 니체 말마따나 우리는 언제나 '다른 사람'이기에. 나아가 우리는 언제든 우리를 이렇게 살도록 하는 조건을 이해하고 다른 삶의 방식을 시도할 수 있다. 그리고 니체에게 비판이란 바로 그러한 이해와 시도의 과정 자체였다. 그의 비판과 부정에는 언제나 아직 도래하지 않은 자기 자신과 영원한 미지의 지평으로서의 삶에 대한 긍정이 함축되어 있었다. 때문에 니체는 비판을 위한 어떤 정당화도, 객관적이거나 중립적인 지위도 요청하지 않는다. 니체의 비판은 재판관이 아니라 방랑자의 이미지를 연상케 한다. 니체에게서 고결한 비판자의 태도와 삶을 긍정하는 명랑함은 완벽하게 일치되어 있었다.

　니체를 읽으면서 느낀 것을 구체적으로 언어화해 보자면, '삶이란, 진지한 얼굴로 이러저러한 것이라고 의미를 부여하고는 금세 싫증을 느껴 권태에 빠져도 될 만큼 그렇게 만만하고 간단한 것이 아니로구나!' 정도가 되겠다. 니체는 내게 말해 주는 것 같았다. 똥폼 잡지 말라고. 너의 진지함과 무거움은 삶의 무의미함이 아니라 너의 뒤틀린 오장육부를 보여 줄 뿐이라고. 삶은 그렇게 함부로 옹호되거나 폄하될 수 있는 게 아니라고.

온몸으로 읽기

니체를 본격적으로 다시 읽게 된 것은 2017년 초부터다. 연구실에서 '소리 내어 읽는 니체' 세미나를 시작했다. 말 그대로 매주 모여서 니체전집을 소리 내어 낭독하는 세미나다. 『비극의 탄생』부터 시작해서 『차라투스트라는 이렇게 말했다』까지 읽었고, 이제 니체 말년의 저작들을 남겨 놓고 있다. 니체의 문체는 음악적이라고들 한다. 그래서 우리는 그의 악보를 직접 연주해 보기로 한 것이다.

　읽는다는 것은 뭘까? 이반 일리치는 중세 수도사들의 읽기에 대해 말한다. 그들에게 읽기란 기본적으로 묵독이 아닌 낭독이었다. 그리고 우리가 생각하는 것과 달리, 수사들에게 읽기란 "주마등 같은 면은 훨씬 덜하고 신체적인 면은 훨씬 강한 활동"이었다.

수사들은 텍스트를 읽어 내기 위해 자신의 전 신체를 동원했다고 한다. "읽는 사람은 자신의 박동에 따라 움직임으로써 행들을 이해하고, 박자를 다시 포착하여 그것을 기억하고, 그것을 생각할 때는 입안에 넣어 씹는 것과 관련짓는다."(이반 일리치, 『텍스트의 포도밭』 정영목 옮김, 현암사, 2016, 84쪽) 이들에게 읽는 행위는 여러 행들로 이루어진 '텍스트의 포도밭'에서 열매를 따고 그것을 씹어 삼켜 자기 것으로 만드는 일이었던 것이다.

그렇다. 기본적으로 읽기란 '신체적인' 활동이다. 눈으로 읽는 데 익숙해진 사람들은 그 점을 쉽게 간과한다. '소리 내어 읽는 니체' 세미나의 실험은 내게 그 사실을 일깨워 주었다. 우리는 그 주에 읽을 분량을 정해서 각자 그 부분을 미리 읽어 왔다. 그리고 돌아가며 낭독한 뒤, 준비된 발제를 토대로 토론을 했다. 우리에게는 아무것도 없었다. 해설서를 따로 읽은 것도 아니고, 세미나 멤버 중 니체를 오래 공부한 사람이 있었던 것도 아니었다. 책 한 권을 마무리할 때마다 강의를 들었지만, 매주의 세미나는 튜터 없이 진행되었다. 발제는 늘 미흡했고 토론은 중구난방이었다. 읽을수록 니체의 철학을 이해하게 된다기보다는 점점 더 미궁으로 빠져드는 기분이었다. 그럼에도 불구하고 우리는 여기까지 왔다. 많은 이들이 왔다가 떠났지만 여전히 몇몇 사람들이 다음에 함께 읽을 니체의 책을 기다리고 있다! 우리가 세미나를 계속 이어 갈 수 있었던 동력은 뭐였을까? 다른 거 없다. 그것은 니체를 눈으로만이 아니라 입으로 귀로 허파로, 온몸으로 맛본 경험이었다.

나는 어떤 책을 읽는다는 것이, 그 책의 '내용'을 파악하는 일이라고 생각해 왔다. 만화 『도라에몽』에 나온 것처럼 식빵에 글을 써서 먹으면 그게 기억된다고 하면 참 간편할 것 같다고 생각했다. 저자의 의도를 파악하고 핵심적 내용을 포착하는 것. '이해해야 할 것'이 미리 주어져 있고 그것을 얌전히 받아들이기만 하면 되는, 전적으로 정신적이고 수동적인 활동. 그러나 이것은 읽기의 경험이 일천한 탓에 갖게 된 편견에 지나지 않았다! 니체의 글들은 그러한 식의 접근을 방해한다. 그의 글들은 이상하다. 그의 구절들은 '주제'로도, '말하고자 하는 바'로도 환원되지 않는 '느낌'으로 다가온다. 분명 니체는 특별히 복잡한 논리를 전개하지도, 미로처럼 정밀한 체계를 세우지도 않는다. 전에 들어본 적 없는 낯설고 심오한 개념들을 동원하는 것도 아니다. 그럼에도 불구하고 니체의 글들은 늘 어떤 충격으로 다가온다.

가끔 비유라고 생각했던 말들이 비유가 아님을 알게 되는 순간이 있다. 가령 니체의 글은 정말 음악적으로, '음악 같은' 글이 아니라 일종의 음악으로서 경험된다. 그의 단어들은 '의미'로 환원되지 않는 뉘앙스로 진동하고, 그의 문장들은 '논리'로 귀결되지 않고 다른 문장들과 더불어 선율을 이룬다. 그의 텍스트로부터 접하게 되는 것은 저자 니체의 완결된 사상이 아니라 니체 사유의 고유한 리듬과 음색이다. 니체의 다음과 같은 말도 전혀 비유가 아니었다! "하나의 정신이 말할 때, 그 정신이 가지고 있는 음색에도 귀를 기울여 보자: 모든 정신은 자신의 음색을 가지고 있고, 자신의 음색을 사랑한다."(니체, 『도덕의 계보』, 니체전집 14, 김정현 옮김, 책세상, 2002, 469쪽)

어떤 음악을 좋아하게 된다는 건 '그 음악을 듣는 귀'를 갖게 된다는 것을 의미한다. 우리는 처음에는 낯설었던 리듬과 코드 진행, 그리고 사운드가 귀에 익고 몸에 새겨지는 과정을 통해 '듣는 귀'를 갖게 된다. 그리고 그렇게 되기까지는 온갖 음악들을 찾아 듣고, 낯선 소리들이 주는 이질감을 견디면서 나의 취향을 실험하는 과정이 필요하다. "그것이 생소할지라도 그 눈길과 표현을 참아내고, 그것이 지닌 기이함을 부드러운 마음으로" 받아들이게 되는 인내와 훈련의 과정이. 그런 자에게만 "결국 그것에 친숙해지고, 기대를 품고, 그것이 없으면 아쉬워하게 되리라고 예감하는 순간"(니체, 『즐거운 학문』 334절, 니체전집 12, 안성찬·홍사현 옮김, 책세상, 2005, 302쪽)이 찾아온다. 읽기도 마찬가지다. 읽기란 수동적으로 텍스트의 내용과 저자의 의도를 수용하는 일이 아니다. 결코 아니다. 그것은 낯선 텍스트(모든 훌륭한 텍스트는 우리에게 낯설다)와의 마주침 속에서 우리의 신체를 실험하는 일이다.

이제 나는 니체를 '사랑한다'고 말할 수 있게 되었다!

『비극의 탄생』에서 『차라투스트라는 이렇게 말했다』까지, 사실 짧다면 참으로 짧은 1년 반 동안 나의 니체 읽기는 실패의 연속이었다. 처음엔 니체의 말이 이해되지 않았고, 그 시기가 지나자 나는 니체의 몇몇 개념들을 교조적으로 도그마화하기 시작했다. 니체에게서 느껴지는 뜨거움은 결코 손에 잡히지 않았다. 니체를 읽고 글을 쓸 때도 마찬가지였다. 분명 니체를 통해 나를 둘러싼 모든 것들을 새롭게 볼 수 있으리라는 기대에 가득 찬 채로 시작했는데, 나는 어느새 습관적으로 니체를 뻔한 '정답'처럼 가져오고 있었다.

그렇게 실패를 거듭하는 와중, 진정한 실패는 '이해의 실패'를 의미하지 않는다는 것을 알게 되었다. 오히려 니체 읽기의 실패는 더 이상 실패하지 않으려 할 때 찾아왔다. 작년 여름쯤이었던가. 어떤 매너리즘 같은 것에 빠진 시기가 있었다. 당시 나는 니체의 어떤 책을 읽어도 '반복되는 주제들'만을 재발견할 뿐이었다. 기독교와 형이상학에 대한 비판, 신체성의 복권, 신의 죽음, 가치의 평가와 창조…. 이러한 '주제'들을 기준으로 중요해 보이는 구절들만 눈에 들어왔다. 익숙한 구도에 포착되지 않는 구절들은 중요하지 않은 것으로 여겨졌고, 그랬기 때문에 그 구절들은 더욱 이해할 수 없는 게 되어 버렸다. 이런 방식으로 니체를 읽는 동안 나는 조금도 즐겁지 않았다.

니체를 읽고 그것을 바탕으로 글을 쓰기 시작하면서 점차 알게 되었다. 내가 그를 이해하는 데 실패하는 만큼, 그러한 실패 속에서 내가 내 나름의 '용법'을 만들어 내는 만큼만이 내가 만난 니체라는 것을. 그러니까 읽기에서 중요한 문제는 니체의 텍스트로부터 '정답'을 획득하는 것이 아니라 그와의 마주침 속에서 나만의 독특한 오류를 만들어 내는 일이다. 사실 잘 쓰여진 개론서 하나만 읽어도 니체 철학의 핵심적 개념들과 사상들을 어느 정도 이해할 수 있다. 그런 관점에서 보자면 니체의 모든 저작을, 그것도 입으로 소리 내어 읽는 것은 미련한 짓이다. 그렇지만 니체를 읽는 나의 즐거움은 그런 것이 아니다. 물론 니체의 개념들을 자유자재로 적용하고 응용할 수 있다면 좋겠지만, 내가 정말로 니체와 만나고 있음을 느끼는 것은 나 자신의 변화를 통해서다. 내가 세계를 감각하고, 해석하고, 평가하는 방식이 달라져 있음을 느끼는 순간들이 있다. 더 나아졌다거나 성숙해졌다고 확신할 수는 없다. 다만 내가 더 이상 이전과 같은 방식으로 모든 것들과 관계 맺고 있지 않다는 사실 자체가 주는 기쁨이 있다. 그러한 기쁨은 『초역 니체의 말』 같은 책을 잠깐 짬을 내 읽은, 니체를 몸으로 '겪지 않은' 사람들로서는 짐작도 할 수 없는 것이라고 믿는다. 단순히 머리로 이해하는 일이 아니라 다른 신체를 갖게 되는 일이기 때문이다.

니체에게서 한 가지 배운 것이 있다면, 바로 사랑하는 법이다. 사랑한다는 것만큼 낭비적인 일이 있을까? 뭔가를 사랑한다는 것은 자신의 안락한 상태에 위태로움을 자초하는 일이니까. 사랑하기엔, 내겐 포기하고 싶지 않은 것들이 너무 많았다. 나 자신의 안정이 너무나 소중했던 것이다. 니체는 내게 알려주었다. 내가 아끼고 보존하려는 그 모든 것들이 얼마나 하찮은 것들인지를.

나의 안락함을 지키려고, 위태로움을 감당하고 싶지 않아서, 무엇보다 움켜쥘 수 없다는 열패감에 빠지기 싫어서 무엇에도 온전히 마음을 주지 않으려 했다. 그러나 나는 사랑에 대해 너무나 무지했다. 실패야말로 사랑의 본질임을 몰랐던 것이다. 우리는 우리가 사랑하는 것에게서 무언가를 발견한다. 그것을 다른 모든 것들과 구별해 주는 무언가를. 그러나 우리가 그것을 붙잡았다고 생각한 순간, 이내 그것은 우리의 손을 빠져나간다. 우리가 사랑하는 것들이, 무엇보다 우리 자신이 잠시도 멈춰 있는 법이 없기 때문이다. 사랑은 소유, 결합, 일치를 허용하지 않는다. 혹은 반대로 뭔가를 전적으로 소유하고, 그것과 완전히 결합되거나 일치되는 순간, 우리는 그것을 더 이상 사랑하지 않게 되는지도 모르겠다. 많은 연애가 이르게 되는 진부한 결말.

사랑이란 가닿을 수 없는 끊임없는 미끄러짐의 과정이 아닐까? 잡았다고 생각하는 순간 빠져나가고, 완성되었다고 느끼는 순간 허물어지기 시작하는. 그렇다면 모든 사랑은 비극일 수밖에 없는 것일까? 아니, 온전히 손에 쥘 수도 가닿을 수도 없기 때문에 사랑은 끊임없는 해석을 유발한다. 그리고 사랑이란, 완전한 일치라는 해피엔딩이 아니라 실패를 거듭하는 시도의 과정 자체다. 모든 사랑은 실패한다. 그러나 그것이 사랑을 비방할 근거가 되지는 않는다. 니체에 대한 나의 사랑도 지금까지처럼 계속해서 실패할 것이다.

좋은 책은 늘 독자를 배반한다고 했던가. 니체는 "우리로 하여금 모든 책을 넘어서게끔 해주지 못하는 책에 무슨 중요한 것이 들어 있겠는가?"(니체, 「즐거운 학문」 248절, 니체전집 12, 안성찬·홍사현 옮김, 책세상, 2005, 244쪽)라는 도발적인 질문을 던진 적이 있다. 좋은 책은 우리로 하여금 이전의 모든 독서를 넘어서게끔 해준다. 이전과는 다른 방식으로 세계를 바라보게 만드는 것이다. 그렇게 우리가 이전과는 다른 곳에 이르렀을 때, 우리는 책 또한 이전의 우리의 이해로부터 떠나 다른 곳에 가 있음을 알게 된다. 좋은 책은 독자를 배반하며 매번 다른 해석을 촉발시킨다. 한 번의 독서가 결코 니체 읽기의 완결일 수 없는 이유가 여기에 있다.

글을 쓰는 내내 잡생각이 참 많았다. 물론 대부분은 쓸데없는 자의식이었다. 내가 뭘 안다고 니체에 대해 떠들고 있나, 나의 이토록 사소한 이야기들을 글로 써도 좋은가, 내가 니체를 너무 협소한 문제의식 안에 가두고 있는 것은 아닌가…. '더 나은' 무언가와 자꾸만 비교하고 있었던 것이다. 너무나 반(反)니체적이게도. 그러나 니체는 나의 자의식이 폭발하건 말건 아랑곳하지 않고, 내가 마지막 단락을 쓰고 있는 지금 이 순간에도 다른 어딘가로 빠져나가는 중에 있다. 나의 이해를 배반하면서. 때문에 나는 두 번 다시는 이런 방식으로 니체와 만날 수 없을 것이다. 이 꼬질꼬질한 글들은 나의 유일무이한 실패의 기록이다. 그 점이 나를 기쁘게 한다. 이렇게 '실패'했기 때문에, 이제 비로소 내가 만난 니체와 결별할 수 있을 것 같다. 그리고 다시 만날 수 있을 것 같다. 다시 한 번, 그러나 다른 방식으로 실패하기 위하여.

1부

나
자신의
계보학

허무를 의지하다

나 어떤 숙명을 맞이하게 되든,
나 무엇을 체험하게 되든,
그 속에는 방랑이 있고
산 오르기가 있으리라.
사람은 결국 자기 자신을 체험할 뿐이니.

— 니체, 『차라투스트라는 이렇게 말했다』,
니체전집 13, 정동호 옮김, 책세상, 2000, 253쪽

들뢰즈는 모든 철학은 '구체적인 것'이라고 했다. 모든 철학 개념은 특정한 시공간 속에서, 현실적인 고민들과 더불어 창조된 것이므로, 플라톤의 이데아나 라이프니츠의 모나드 같은 기이하고 추상적인 개념들조차 매우 구체적인 문제들을 함축하고 있다는 것이다. 그동안 나의 철학 공부에 결여되어 있었던 것은 바로 이 '구체성'이었다. 공부를 시작하기 전, 그리고 공부를 시작한 뒤로도 한참 동안 나의 시선은 온통 외부를 향해 있었다. 나는 '나의 문제' 따위는 별로 중요하지 않다고 생각했다. 나의 감정이 어떻고, 내가 무엇을 겪고 있고, 어떤 것들을 고민하고 있고… 하는 것들은 너무나 사소해서 이야기할 가치도 없다고. 그보다는 정치, 사회, 권력, 세대 같은 것들이야말로 말할 가치가 있다고 생각했던 것이다. 그러나 글을 쓰면서 알게 된 것은, 무엇을 논하든 결국 나 자신을 마주하게 될 뿐이라는 사실이다. 니체의 말처럼, 과연 사람은 결국 자기 자신을 체험할 뿐이다. 나의 고민, 경험, 욕망, 감정… 내가 사소하다며 폄하했던 그 모든 것들을 떠나서는 무엇과도 접속할 수 없다. 중요하고 의미 있는 무언가를 이야기해야 한다는 강박에 시달리는 동안, 나는 나의 협소한 관점만을 맴돌고 있었다. 하여 결심했다. 나 자신으로부터 출발하자! 나 자신이야말로 진정한 미지의 영역이 아닌가. 그리고 비로소 알게 되었다. 나는 내가 별로 하고 싶은 일도, 성취하고픈 목표도, 지켜야 할 신념도 없는, 심심한 사람이라고 믿어 의심치 않았는데, 사실 내 나름의 방식으로 끊임없이 무언가를 가치화하고, 의지하고, 의욕하고 있었다는 것을. 나는 이제 나 자신이라는 미지의 영역으로 계보학적 탐사를 떠나려고 한다. 그리고 물을 것이다. 너는 무엇을 의욕했는가. 무엇을, 어떻게 의미화했는가. 지금까지 내가 나를 규정하기 위해 사용해 온 말들과 '이것이야말로 삶이자 세계'라고 믿어 의심치 않았던 것들을——나 자신을 파헤쳐 볼 것이다.

1장 한 번도 되어 본 적 없는 내가 되기 위하여

어떤 수치심의 기억

2015년 8월 무더운 여름 어느 날, 병장 진급을 앞두고 정기휴가를 나갔던 나는 잔뜩 '쫄아' 있었다. DMZ 목함지뢰 폭발 사건 때문이었다. DMZ의 남측 추진철책을 경계하던 중 부사관 두 명이 북한군이 묻어 놓은 지뢰를 밟아 중상을 입은 사건이다. 그 와중에 내가 걱정했던 것은 오로지 내 휴가뿐이었다. 국방부는 북한의 '도발'에 대응한답시고 대북 확성기 방송을 시작했고, 북한군은 확성기 방향으로 포격을 가했다. 북한과 가까운 전방부대에서는 휴가 중인 군인들에게 복귀명령을 내렸다. 다행히 서울에 있던 우리 부대에서는 신원확인만 하고 복귀명령은 내리지 않았고, 나는 복귀하라는 전화가 올까봐 덜덜 떨면서 열흘가량을 보냈다.

　사건이 흐지부지 마무리 될 즈음 부대에 복귀해 보니 부대 안 상황은 꽤나 심각했던 모양이다. 전쟁이야기가 오르내렸다고. 그런데 그 사이 부대 안팎에서 이슈가 되었던 것은 전역을 연기한 병사들이었다. 사건 당시 전역이 예정되어 있던 병사들이 '나라를 지키기 위해', '후임들과의 정 때문에', '집에 있는 엄마가 생각나서' 자발적으로 전역을 미뤘던 것이다. 휴가 복귀를 걱정하며 떨었던 나로서는 결코 이해할 수 없는 일이지만, 이들의 선택에 대해 뭐라고 왈가왈부할 일은 아니다. 다만 내가 너무나 불편했던 것은 이들의 선택 이후에 벌어진 일련의 과정들이었다. SK와 롯데 등의 대기업들이 뜬금없이 '애국심도 스펙'이라며 전역을 연기한 병사들을 '특별 채용'하겠다고 밝힌 것이다. 그리고 내 동료들은 '대박'이라며 그들을 부러워했다.

나는 수치심을 느꼈다. 내 수치심은 무엇에 대한 것이고 누구를 향한 것이었나? 잘 모르겠다. 어떤 사람들은 기업들이 이미지를 세탁하기 위해 젊은이들을 이용한다고 비판했다. 애국심 마케팅의 일환일 뿐이라고. 실제로 당시에 채용됐던 사람들은 대부분 기업의 주요 계열사가 아닌 아웃소싱된 자회사(콜센터나 판매직 등)로 발령받았고, 그 중 많은 이들은 이미 퇴사를 선택했다. 또 촌스럽게 애국심에 경도된 이들을 향한 비웃음도 있었다. 특히 군복과 군화를 찍은 사진에 '국가가 부른다면' 따위의 멘트를 달아 소셜 미디어에 올린 예비군들. 나는 친구들과 함께 촌스러운 '애국관종'들을 비웃었다.

그러나 내 수치심은 다른 데 있었다. 대기업 채용이 모두가 부러워 마지않는 '특혜'가 된다는 사실, '친히 너희들을 거두어 주겠노라'라고 말하는 기업들의 오만함에 누구도 의문을 제기하지 않는다는 사실에 관한 것이었다. 우리의 욕망은 결국 대기업에 취직하는 것으로 모조리 환원되어 버린단 말인가? 서로 다른 성향과 경험과 욕망을 갖고 있는 우리가 사실은 모두 대기업이 불러주기만을 기다리고 있을 뿐인 건가? 나는 늘 '헬조선'이라는 말이 과장되어 있다고 생각했는데, 이 순간만큼은 그 말을 절감했다. 이곳이 '헬'이라면, 그건 '다른 삶'에 대한 상상력이 고갈되어 버렸기 때문이다. 난 답답했다. 나는 좋은 직장이나 많은 수입과 나 자신을 동일시할 수 없었다. 그것이 롯데나 SK가 아니라 구글이나 페이스북 같은 '꿈의 직장'이라도 마찬가지였다.

어떤 자의식의 기억

나는 대안학교 출신이다. 중·고등학교를 대안학교에 다녔고 대학은 가지 않았다. 내가 다니던 학교는 강화도 산골의 작은 대안학교로, 입시 위주의 제도권 교육에서 벗어나 정치적·인문학적·생태적 소양을 지닌 '깨어 있는 시민'들을 길러 내고자 하는 공간이었다. 학교의 영향으로 나는 '일반적인(=비정치적이고 자본주의적이며 반자연적인) 삶'에 대한 깊고도 막연한 거부감을 갖게 되었다. 사람들은 알지도 못하고 알고 싶어 하지도 않겠지만, 대안학교 출신들에게는 묘한 자의식 같은 것이 있다. '우리는 다르다'라는. 우리는 우리가 '일반학교'나 '제도권', '주류'라고 불러온 것과의 미묘한 거리감 속에서 우리 자신을 인식했다. 우리는 입시, 취직, 결혼, 안정적인 노후로 이어지는 주류적 삶의 코스를 거부한다. 당시 고등학생이었던 나는 「김예슬 선언」에 크게 공감했다. "쓸모 있는 상품으로 '간택'되지 않고 쓸모 없는 인간의 길을 '선택'하기 위해" 대학을 그만둔다는 말에 전율했다.

그런데 쓸모 있는 상품으로 간택되기를 거부한 우리는 무엇을 해야 할까? 무엇이 될 수 있을까? 「김예슬 선언」으로부터 8년 뒤, 지금 우리는 자의식만 뚱뚱한 대학생이 되었거나, 대안학교 출신이라는 자신의 과거를 부정하고 (철들었음을 자처하며) 휴가와 월급만 바라보는 직장인이 되었거나, 한국에는 답이 없다며 유토피아를 찾아 떠난 유학생이 되었다. "나는 달라"라는 우리의 자의식은 딱히 억압적인 현실과 맞닥뜨려 깨지지도, 우리의 대안적 현실을 구성하는 데까지 이르지도 않고 말 그대로 '자의식'으로만 남았다. 우린 각자의 현실에 적당한 불만을 품은 채 적당히 적응해가고 있다. 김예슬은 "자유의 대가로 나는 길을 잃을 것이고 도전에 부딪힐 것이고 상처받을 것"이라고 말했다. 그러나 우리는 길을 잃지도, 도전에 부딪히지도, 상처받지도 않은 것 같다. 세상 모든 것이 문제라고 배웠는데, 사실은 어떤 문제도 절실하지 않았다.

나는 대학생도, 유학생도, 직장인도 되지 않았다. 그러나 내 문제도 별반 다르지 않았다. 대학을 가지 않아도, 취직을 하지 않아도 그럭저럭 살아졌다. 알바를 하고, '내일로' 티켓을 끊어 국내 곳곳을 여행하고, 친구들과 밴드를 하고, 연구실 주변을 배회하며 공부도 간간이 하고, 연애도 하고… 고등학교 졸업 후 군대에 가기 전까지 그렇게 2년을 보냈다. 그러나 거부하는 것으로는 '다른 삶'

이 자동적으로 시작되지 않았다. 나의 문제는 아무 일도 일어나지 않는다는 데 있었다. 나의 2년은 안온하고 무미건조했다. 솔직히 나는 내가 뭘 거부한 건지조차 헷갈리기 시작했다. 사실 그저 아무것도 하고 싶지 않았던 것이 아닌가? 내가 거부한 것은 삶을 좀먹는 것들인가 아니면 삶 자체인가? 내 적이 누구인지도, 내가 원하는 게 뭔지도 모르겠는 상태. 좀처럼 '문제화'가 되지 않는 상태가 지속되있다.

나는 그저 막연하게 학교라는 울타리를 벗어나면 스스로 선택하고 책임을 지는 '리얼한' 삶이 시작되리라고 생각했다. 그러나 학교 안에서와 마찬가지로 모든 것은 막연하기만 했다. 무엇보다 내가 누구인지, 내가 있는 자리가 어디인지에 대한 확신이 없었다. 공중을 떠다니는 것만 같았다.

그리고, 어떤 시작

10대 시절, 아니 몇 년 전까지만 해도 나는 내가 공부를 하고 글을 쓰게 되리라고는 상상해 본 적도 없다. '공부는 절대 하기 싫다!'라는 건 아니었지만, 세상에는 공부보다 재밌는 게 너무나 많았다. 어려서부터 그림 그리는 걸 좋아했다. 초등학생 땐 만화가가 되고 싶었고, 고등학교 때는 할 거 없으면 입시미술이나 준비해 볼까, 생각하기도 했다. 악기 다루는 데에는 별다른 재능이 없지만 음악 듣는 걸 워낙 좋아해서 관련된 일을 하면 좋겠다고 막연히 생각하기도 했다. 책은 뭐랄까. 그림 그리고 음악 듣고 영화 보고 축구하고… '재밌는' 것들을 다 하고도 시간이 남을 때 읽는 것이었다.

그런 주제에, 나는 어쩌다 공부를 하게 되었을까? 공부를 해야겠다는 나의 욕망에는 이중적인 측면이 있었던 것 같다. 지금까지 대안학교에서, 그리고 50대가 되어서도 여전히 '386'으로 불리는 부모세대로부터 들어 온 말들로는 도저히 나의 현실과 욕망이 포착되지 않는다는 답답함, 즉 주어진 답과 주어진 문제의 구도에 대한 반발심이 한편에 있었다. 그러나 동시에 내게는 누군가가 나를 대신해서 나의 현실을, 내 문제를 완벽히 설명해 주기를 바라는 마음이 공존하고 있었다. 군 입대를 1년 앞두고 '좀 더 공부해 보자!'라고 마음먹었을 때 내가 처음 읽게 된 책은 푸코의 『감시와 처벌』이었다. 그러나 푸코는 내 욕망에 절반만 응답했다. 그는 내가 익히 들어 온, 그리고 감각적 차원에서 이미 거부할 준비가 되어 있는 진부한 관념들을 부정할 수 있게 해주었다. '더 나은 사회'를 위해 우리 모두가 연대해야 한다는 도덕적인 목소리들, 당시에 소위 '진보진영'에서 논의되던 복지국가의 이상, 인권·평등·자유 등 '인간'을 둘러싼 숭고한 가치들——푸코는 나를 수동적으로 만들 뿐인 막연하고 거대한 가치들과 관점들에 의문을 제기하도록 해주었다.

그러나 푸코도, 들뢰즈도, 스피노자도 그 누구도 '답'을 주지는 않았다. 군대를 다녀와 본격적으로 공부를 시작한 뒤 내가 쓴 글들은 대개 '~이야말로 진정한 문제다'라고 말하고 있었다. 권력이야말로, 욕망이야말로, 정서야말로 '진정한' 문제라고. 그동안 나는 잘못 알아왔다고. 진정으로 내가 문제 삼아야 했던 것들은 따로 있었다고. 그러나 아무리 개념을 빌려 오려고 해도 '내 문제'는 구성되지 않았다. 책에서 읽은 철학자의 말들로 그 내용이 대체되었을 뿐 '그러므로 ~해야 한다'는 당위의 구도는 바뀌지 않았다. 그러다 흘러 흘러 니체를 만나게 되었고, 운 좋게도 니체를 통해 나 자신과 마주할 기회를 갖게 되었다. 내가 니체를 읽으며, 그리고 니체를 읽고 글을 쓰며 배운 것은, 삶이야말로 인식의 수단이라는 것이다. 나의 고유한 모순, 편견, 오류, 습관 따위가 없다면 인식은 아무것도 아니다. 나는 '답'을 원했지만, 사실 모든 답은 그것을 구하기까지 자신의 편견과 오류를 인식하고자 시도하는 과정 자체와 구분되지 않는다. 나의 오류들은 인식의 수단이자 대상인 것이다.

'나'를 설명해 줄 '말'을 찾고 싶었던 나는 이제 나 자신이 궁금해졌다. 어쩌면 철학은 철학책을 읽고 철학 개념들을 다루게 될 때가 아니라, 내가 누구인지를 질문할 때 시작되는 게 아닐까. 지금이 유일무이한 시공간을 살아가는 나의 오류들과 내 환상들을 그 자체로 마주하기를 시도하는 일이야말로 철학적인 작업이 아닐까. 나는 이제 나 자신에 대한 계보학적 탐사를 시작하려 한다. 계보학이란 가치의 가치를 질문하는 일이다. 그 자체로 지고한 의미를 지니고 존재하는 가치란 없다. 모든 가치는 해석하고 가치평가하는 힘에 의해서 가치 있는 것으로 출현한다. 그리고 이때의 힘이란 다른 모든 것들과 관계 속에서 스스로를 확장하고 자신의 힘을 발산하고자 하는 우리의 생명, 우리의 삶이다. 따라서 "우리는 항상 우리의 존재 방식이나 삶의 양식에 따라서 우리가 가치 있다고 여기는 믿음, 감정, 생각을 갖는다."(들뢰즈, 『니체와 철학』 이경신 옮김, 민음사, 1998, 17쪽) 그러므로 가치의 가치를 묻는다는 것은, 그러한 가치를 자명한 것으로 출현시킨 힘이 어떤 힘인지를 질문하는 일이다.

　나는 내가 '나 자신'이라고 믿고 있던 것들, 내가 나 자신에 대해 내렸던 규정들, 내가 가치 있다고 믿고 있던 것들, 내가 나를 둘러싼 모든 것들과 관계 맺어 온 방식들을 낯설게 보고 다르게 느끼기를 시도하려고 한다. 내가 믿어 의심치 않던 가치들의 가치를 묻고자 한다. 어떤 규정들과 관점들, 가치들을 자명한 것으로 여기는 동안 내가 원했던 것은 무엇인지를 스스로에게 질문해 보려 한다. 그 과정 속에서 나는 지금껏 한 번도 만나 보지 못한 나를 만나게 될 것이다. 그리고 그것이 어떤 괴물의 형상일지라도 기쁘게 맞이할 준비가 되어 있다!

2장 '평범'의 냉소주의에 맞서

나는 별일 없이 산다

"네 꿈은 평생 평범하게 사는 거라며? (……) 저기…, 너 정말 유
명해지고 싶다거나, 부자가 되고 싶다든가… 그런 젊은이다운
꿈은 없니?"

"없어. 난 두더지처럼 죽은 듯이 숨어 살 거야….."

"불행도 행복도 필요 없단 거야?"

"응…."

(후루야 미노루, 『두더지 1』 김민경 옮김, 코믹스투데이, 2001, 106쪽)

후루야 미노루의 만화 『두더지』의 한 장면이다. 주인공 스미다는
'평생 평범하게 살고 싶다'는 범상치 않은 꿈을 털어놓는다. 부모
로부터 버림받고 혼자서 낚시터 보트대여점을 운영하는 조로(早
老)한 중학생 스미다. 스미다는 믿는다. 자기 삶에는 결코 비행기

가 추락한다거나 총을 맞는다거나 복권에 당첨된다거나 원대한 꿈을 성취한다거나 하는 '특별한 일'은 없을 거라고. 아마도 지금처럼 평생 이곳에서 느긋하게 보트나 빌려 주게 될 거라고. 스미다는 자신이 '보통'임을 부정하고 '나도 특별해' 따위를 생각하는 뻔뻔한 '보통 놈들'과, "너희들은 모두 특별하다" "자기만의 꿈을 갖고 살아라" 따위의 거짓말을 늘어놓는 비겁한 어른들을 용서할 수 없다. '보통'을 무시하지 말라고, 스미다는 절규한다. 망상을 좇는 당신들과 달리 나는 누구에게도 폐 끼치지 않으려 최선을 다하고 있다고. 훌륭한 '보통 어른'이 될 거라고. 스미다는 외친다. "보통 만세!"

평범, 그것은 나의 슬로건이기도 했다. 나의 '평범'은 '평균'과는 무관한 것이다. 사실 나는 평균으로부터 멀리 떨어진 삶을 살아왔고, 살고 있다. 오히려 나는 '평균적 삶'을 거부함으로써 나의 평범을 구축했다. 미래를 불안해하고, 남들만큼 갖지 못함에 안타까워하고, 사회적 척도에 부합하는 경쟁력을 갖추기 위해 안간힘을 쓰는 '평균적 삶의 태도'에 대한 경멸 속에서 말이다. 그러나 나는 동시에 '평균적 삶'에 정면으로 저항하며 '자기만의 개성' 따위를 과시하는 방식에 대해서도 회의적이었다. 한쪽에는 평균적인 삶의 태도가, 다른 한쪽에는 평균으로부터 벗어나려고 안간힘을 쓰는 태도가 있다. 이러한 두 태도 모두는 자기 앞에 놓인 것이 별 볼 일 없는 '보통의 삶'이라는 사실을 견디지 못하는 데서 비롯되는 게 아닐까? 한쪽은 모두가 가는 길을 따라감으로써, 반대쪽은 그것을 부정함으로써 자신의 삶에 그럴듯한 '의미'를 부여하고 싶어

하는 것이다. 스미다의 말처럼 실상 우리의 삶은 '보통'일 뿐인데도. 나는 이 모두를 비웃으며 다른 길을 갔다. '평범'이라고 하는 제3의 길을.

말하자면 일종의 인디적(?) 감성이라고나 할까? 주류에 편입되고 싶어 하지 않고, 그렇다고 딱히 그것과 싸우려고도 들지 않으면서 묵묵히 제 갈 길을 가겠다. 내게 '평범한 삶'이란 그런 것이었다. 그리고 거기에서는 어떤 서항성마저 느껴졌다. 나는 '평범'을 내세움으로써 "너만의 경쟁력을 가져라!"라고 말하는 자기계발 담론의 억압과 "짱돌을 들어라!"라고 말하는 '진보 어른'들의 꼰대질에 동시에 저항했(다고 생각했)다. 양쪽 모두는 어떤 '가치 있는 것'을 설정하고 그것을 기준으로 나에게 특정한 삶의 양식을 강요한다. 양쪽 다 '특별한 삶'을 살라고 명령하고 있는 셈이다. 그렇다면 혹시 평범하게 사는 것이야말로 그들의 허를 찌르는 길이 아닐까? '장기하와 얼굴들'의 노래 가사처럼, 게으르고 평범한 내가 '별일 없이' 살고, '별다른 걱정 없다'는 것. 이것이야말로 저들이 '절대로 기쁘게 듣지는 못할', '들으면 십중팔구 불쾌해질', '깜짝 놀랄 만한 얘기'일 거라고 믿었다. 평범은 나의 무기였다. 평범 만세!

냉소적인 너무나 냉소적인

나는 가끔 내가 꼬일 대로 꼬인 인간이 아닌가 생각하곤 한다. 특히 뭔가를 '열심히' 하는 사람들을 보면서 꼴 보기 싫다는 생각이들 때 그렇다. 물론 열심히 하는 모든 사람들이 싫다는 건 아니다. 그 '열심히'가 협애한 집착으로 드러날 때, 안달복달하면서 뭔가를 움켜쥐려는 방식으로 드러날 때 그렇다. 가령 나는 시험 성적에 지나치게 연연하는 친구들을 경멸했고, 자기 몫을 빼앗기지 않으려고 발악하는 사람들을 혐오한다. 또 누군가의 말이나 책의 구절, 공공의 질서 같은 것들을 교조적으로 믿고 따르는 사람들을 비웃는다. 좋다 싫다, 옳다 그르다, 라는 의식적 판단 이전에 그런 사람들을 보면 무의식적인 거부반응이 먼저 일어난다. 그럴 때면 나는 그들에 대한 부글부글 끓는 반감을 감추고 태연한 얼굴로 비꼬는 말을 내뱉는다. 그렇다. 내가 생각해도 나는 참 '인성'이 더럽다.

간단히 말해 '여백'이 없는 사람들이 싫다. 여유가 없고 유머를 모르는 사람들. 언제 사람들은 틈을 잃게 되는 걸까? 자기 자신이 삶에 부여한, 사실은 결국 다른 누군가로부터 전해 받은 것일 뿐인 '의미'에 집착할 때가 아닐까. "그것에 관해서는 절대적으로 웃을 수 없는 그 어떤 것이 존재한다!"라는 믿음. 이런 사람들은 대개 자기 자신이 신봉하는 의미와 가치가 보편적인 것이라고 생각하기 때문에 '이것이야말로 좋은 삶'이라고 떠들어대거나 남들에게 강요하고 남들의 삶에 간섭하기를 좋아한다. 그리고 이들은 대개 '긍정적'이며 '열심히' 산다. 또한 스스로를 선하다고 여긴다. 이들은 자신이 믿고 있는 것들을 전혀 의심해 본 적이 없다는 점에서만 '긍정적'이며, 이들의 '열심히'는 의문을 회피하기 위한 수단 외에 다른 무엇도 아니다. 학교에서 선생님들이 주입해 주는 '대안적'이고 '진보적'인 가치들을 앵무새처럼 되풀이하면서 스스로를 더 나은 존재라 여기던 동급생들, 공사장에서 알바를 하다 만난, "나는 재밌어서 일한다"라며 스스로를 세뇌하던 현장소장, 공정무역 커피를 마시고 친환경 제품을 사용하면서 스스로를 선한 지구인이라고 믿고 있을 누군가, 도덕의 수호자가 되어서 남들의 '인성'을 심판하는 사람들···. 부정하고 의심할 줄 모르는 그들의 병적인 긍정성을 나는 참을 수 없다.

그렇다. 사실 '평범'이라는 말도 이들에 대한 반감으로부터 비롯된 것이다. 나는 삶이 살 만한 가치가 있는 것이라고 말하는 모든 이들에게 반감을 느꼈다. "삶이란 살 만한 가치가 있는 것이다"라는 말은 굉장히 듣기 좋은 아름다운 말인 것 같지만, 사실 여기에서 제시되고 있는 '가치'는 곧바로 '목적'으로 뒤바뀐다. 나는 "모든 삶은 소중하고 특별하다", "너의 꿈을 찾아라" 따위의 말들을 듣고 자랐다. 다들 내게 사회적 척도나 타인의 시선을 신경쓰지 말고 '너의 삶'을 살라고 말했다. 그러나 '너의 꿈', '너의 삶'이란 사실 '다른 방식의 성공'과 '다른 방식의 성공한 삶'을 가리킨다. '성공'에 대한 기준과 척도가 조금 달라졌을 뿐이다. '너의 삶은 특별하다'라는 말은 결국 '성공하라! 성공해야 한다!'라는 명령에 다름 아니다. '네가 하고 싶은 걸 하라'는 '열려 있는' 어른들의 말은 내게 "그렇게 무기력하게 늘어져 있지 말고, 뭔가 그럴듯한 일을 해!"라는 명령으로 다가왔다. "너희들은 모두 특별하고 소중하다"라는 말만큼 나의 숨을 턱 막히게 하는 말은 없었다. 아무리 아름다운 말들을 동원한들, 삶에 부여된 무거운 의미들은 이미 내게 '해야 한다'라고 명령하고 있었다.

그런데 도대체 의미와 목적이란 무엇이란 말인가? 세상에 영원불변하는 것이란 없고, 내일 무슨 일이 벌어질지도 모르는 데다가, 어차피 죽으면 모든 것은 끝나는데! 아무리 생각해 봐도 삶에 주어진 가치와 의미 따위는 없었다. 그 사실을 간파하기란 너무나 손쉬운 것이었다. 그렇다면 삶에 외삽된 이 모든 가치와 의미들은 다 무엇인가? 그것은 우리를 특정한 방식으로 살게끔 유인하는 미끼다. '그러므로 이렇게 살아야 한다!'라는 명령이다. 또 여기서 '삶'이라고 불리고 있는 것은 무엇인가? 그것은 우리가 숨 쉬고 있는 현재가 아니라 도달해야 할 목적지로서의 '가치 있는 삶'이다. 어떤 사람들은 ('성공'이 아니라) '행복'이야말로 삶의 목적이라고 말한다. 나도 한때 사회적인 성공이나 남들의 인정이 아니라 나의 행복만이 소중하다고 말하는 행복담론에 감화된 적이 있었다. 그러나 사실 목적으로 주어진 '행복한 삶'이란 현재를 아직 행복에 이르지 못한 결여 상태로 폄하하게 만드는 도그마일 뿐이다. 역설적이게도 우리는 '삶은 살 만한 가치가 있는 것이다'라는 믿음에 의해 우리 자신의 '현재'에 대한 부정에 이르게 되어 버리고 만다.

내게 '평범한 삶'이란, 삶에 부여된 가치들(=명령들)을 덜어내고 나서야 도달하게 될 '최소한의 삶'이었다. 거창하게 말하자면, 무의미한 삶 그 자체! 삶에 별다른 기대를 걸지 않고 그저 하루하루 작은 즐거움들을 추구하며 살아가는 것. 의미, 목적, 가치에 집착하지 말고 여유롭게, 여유롭게. 이것이 내가 생각한 평범한 삶이었다. 세상에 꼭 해야 하는 일 같은 것은 없다. 삶이란 본래 가치가 없는 것이기에. 그러므로 미래가 아니라 현재, 이상이 아니라 현실, 저편이 아니라 여기에 집중해서 살면 된다! 그런데 이상하게도 나는 이 모든 가치들을 덜어내고도 가벼워지지 않았다. 논리는 참 심플한데, 나 자신은 조금도 심플해지지 않았다. '무의미'니 '무근거'니 하는 말들은 현재를 긍정하기는커녕 나의 무기력한 현 상태를 정당화하게끔 하는 방식으로 작동했다. 나는 늘 '의미'를 믿고 '목적'을 추구하는 긍정의 인간들보다 내가 훨씬 더 '현실적'이라고 생각했다. 직어도 난 망상에 빠져 있지는 않다고 자위했다. 그러나 그게 정당화의 도구일 뿐이라면, '의미'를 말하는 것과 '무의미'를 말하는 것은 무슨 차이지!?

나의 '평범'은 냉소적이었다. 아니, 냉소적일 수밖에 없었다. 왜냐하면 부정 자체가 나의 유일한 동력이었기 때문에. 냉소란 무엇인가? 냉소란 부정과 비판이 아무런 새로운 것도 생산하지 못할 때 도달하게 되는 종착지다. 어떤 새로운 것도 만들어 내지 못할 때, 비판과 부정은 자신의 적으로부터 자신에 대한 긍정을 이끌어낸다. 저들의 저열함이 나의 정당성을 보증하는 증거가 되고 저들의 오류는 나 자신의 확신을 강화하는 것이다. 그럴수록 비판은 집요하고 신랄해진다. 스스로에 대한 긍정을 구할 수 있는 유일한 길이기 때문에 비판의 대상에 집착하게 되는 것이다. 내가 말한 평범에는 어떤 삶의 양식도, 윤리도, 가치의 창조도 결여되어 있었다. 주어진 삶의 방식에 대한 부정과 반항 외엔 아무것도 아니었던 것. 평범, 냉소적인 너무나 냉소적인.

사사키 아타루는 한 강연에서 의미에 근거가 없다면 무의미에도 근거는 사라진다고 말했다. 비이성, 비논리, 비도덕은 이성,

논리, 도덕의 확실성으로부터 의미를 부여받는다. 즉 의미가 확고하게 존재한다는 전제하에서만 그것에 대한 부정과 반항으로서의 무의미 또한 근거를 갖게 되는 것이다. 그러나 의미가 무의미로부터 파생된 것일 뿐이라면, 또 도덕이 그자체로 비도덕적인 것이라면, 애초에 삶에 어떤 의미도 가치도 확실성도 없다면, 무의미란 대체 무엇인가? 의미에 대한 부정으로서의 무의미는 아무것도 아니게 된다. 정말로 아무것도 아니다. 이때 우리는 의미를 신봉하며 살아가야 할 근거를 빼앗기는 동시에 "아무런 근거도 없이, 아무런 의미도 없이, 어떤 인과성도 믿지 않고, 부조리하게 살아가는 것 자체의 '의미'"(사사키 아타루, 『이 나날의 돌림노래』 김경원 옮김, 여문책, 2018, 30쪽) 또한 빼앗기게 되는 것이다. 사사키 아타루가 말하는 것처럼 무의미는 멋지지도 재밌지도 근본적이지도 않다. 의미만큼이나 진부할 뿐이다. 아무리 목적과 의미를 부정하더라도, 무의미를 실체화하는 한 나는 여전히 본질주의자였다. 다만 의미가 가하는 압박감에 피로해져 살짝 심통이 났던 것뿐이다.

자신을 매장하는 자의 명랑함

평범이라는 말은 가치중립적인 느낌을 준다. 자극적이지가 않다. "저는 평범하게 살고 싶습니다"라는 말은 누구의 심기도 불편하게 하지 않는다. 내가 평범한 삶을 말할 때도 마찬가지였다. 뭐랄까 나는, '내가 평범하게 살겠다는 데 뭐? 귀찮게 하지 마'라는 태도를 취했다. 평범한 삶의 이미지는 그런 것이었다. 누구에게도 딱히 폐 끼치지 않고, 남들 눈에 띠려고 하지 않고, 적당히 되는 대로 유유자적 살아가는 것. 질척거리지 않는 삶. 내가 평범을 말함으로써 드러내고 싶었던 것은 삶에 대한 '의욕 없음'이었던 것 같다. 삶에 기대하고 바라는 것이 많지 않으면 실망하고 좌절하는 일도 많지 않을 것이고, 집착하고 얽매이게 되는 일도 줄어들 것이라고 믿었다. '에니지를 아껴라!' '가능한 적게 의욕하라!' 이것이 '평범'이라는 내 삶의 태도를 지배하는 명령이었다.

"인간은 아무것도 의욕하지 않는 것보다는 오히려 허무를 의욕하고자 한다"(니체, 『도덕의 계보』, 니체전집 14, 김정현 옮김, 책세상, 2002, 541쪽) 니체의 유명한 말이다. 니체는 생명의 본성이 자기보존이라고 말하는 자들과 싸웠다. 니체가 보기에 생명은 보존의 논리를 통해 작동하지 않는다. 끊임없이 의욕하고 확장하고 시도하려고 하는 것, 이것이 생명의 본성이다. 끊임없이 뻗어나가는 것, 다른 힘들을 자기 것으로 취하고 또 자신의 힘을 빼앗기면서 마주치고 접속하고 절단하는 멈춤 없는 힘들의 투쟁. 이것이 니체가 사유한 생명이다. 여기에는 '보존'해야 할 무엇이 주어져 있지 않다. 생명은 보존하기 위해서조차 끊임없이 다른 것을 의욕한다. 인간 역시 마찬가지다. 주어진 자기보존의 주체로서의 인간은 없다. 우리(주체)는 매번의 투쟁의 결과물일 뿐이다. 인간은 언제나 의욕할 것을 찾아내고 삶의 의미를 발명한다. 의미가 있기 때문에 의욕이 생기는 것이 아니라 의욕함이 있기에 의미가 출현하는 것이다. 여기서 허무주의의 정체가 폭로된다. 허무주의란 의욕의 결여가 아니라 허무에 대한 의욕이다. 즉 삶에 대한 의욕이 뒤틀린 방식으로 표현된 것일 뿐이라는 소리다. "삶은 무의미해"라는 탄식에서 희미하게 퍼져 나오는 삶에 대한 병든 사랑. 평범을 말할 때 나는 삶을 '덜' 의욕했던 것이 아니라, 끊임없이 변이하는 '이 세계'가 아닌 지금 이대로의 내가 영원히 보존되는 '다른 세계'를 의욕하고 있었던 것이다.

우리는 이처럼 종종 삶을 부정하는 방식으로 삶을 의욕하는 게 아닐까. 나와 내 또래들은 삶이 나아지고 더 좋은 세상이 도래할 거라고 믿지 않는다. 우리의 욕망을 획일화하는 이념이나 도덕 같은 것들을 손쉽게 부정한다. 나는 이러한 태도를 취하면서 스스로가 진보적이라고 여겼다. 그러나 사실 이는 무언가에 부딪쳐 깨지기를 거부하는 유치한 자기보존의 욕망에 다름 아니었다. 자기보존에 대한 욕망은 외견상 주어진 것에 만족하고 삶을 긍정하는 듯한 모습으로 드러나곤 한다. 그러나 '주어진 것'으로서의 자기 자신에 대한 애착이란 사실 삶에 대한 지독한 비방일 뿐이다. 왜? 주어진 것으로서의 자기 자신이란 한 번도 존재한 적이 없기 때문에! 자기보존을 욕망할 때 우리는 행위와 의욕으로부터 우리 자신을 분리해 내고, 그것들로 하여금 행위 주체로서의 '나 자신'에 복종할 것을 명령한다. 실상 이는 자신을 이루고 있는 모든 것들과 가장 익숙한 방식으로만 관계 맺고 가장 익숙한 힘만이 매번의 투쟁 속에서 승리하게끔 하려는, 가장 반동적인 힘의 사용일 뿐이다. 즉 지금 이 상태를 영원히 고수하려는 의지이며, 이러한 의지는 필연적으로 삶을 부정하게 된다. 생성하고 변화하는 모든 것——즉 삶 자체는 이러한 의지에게 회피하거나 극복해야 할 무엇이 되어 버리기 때문이다.

영원한 장례식.──우리는 조사(弔詞)가 역사를 넘어서 계속 행
해질 것이라고 믿을 수 있다. 즉 우리는 언제나 우리가 가장 사
랑하는 것과 사상과 희망을 매장했고 또한 매장하고 있다. 그리
고 우리는 그 대가로 긍지, 이 세상의 영광, 즉 조사라는 화려한
외관을 입었고 얻고 있다. 그것으로 모든 것이 보상된다고 여긴
다! 그리고 조사를 하는 사람은 여전히 가장 위대한 공적(公的)
인 선행자다!(니체, 『아침놀』 520절, 니체전집 10, 박찬국 옮김, 책세상, 2004, 384쪽)

평범? 특별? 의미? 무의미? 잘 모르겠다. 분명한 것은 우리의
삶이란 영원한 장례식이라는 거다. 우리는 우리가 사랑했던 것, 우
리가 품었던 희망, 신봉했던 의미를 매장해 왔고, 매장하고 있으
며, 매장하면서 나아갈 것이다. 살아간다는 것은 한때 우리 자신이
었던 것을 계속해서 장례 치르는 일이기도 하다. 즉, 삶에는 죽음
또한 포함되어 있다. 그렇다면 삶이란 필연적으로 슬픔과 비탄의
연속이어야 하는가? 아니다. 우리는 그 대가로 긍지와 영광을 얻
는다. 가장 소중했던 것들을 매장함으로써 우리는 다시금 사랑하
고 희망을 품고 의미를 만들어 낼 수 있는 힘을 얻는 것이다. 삶이
영원한 장례식이라는 사실은 우리를 '목적'에 대한 영원한 해방의
길로 이끄는 지혜다. 주어진 목적과 의미는 없다. 우리는 우리가
새롭게 마주하는 것들과 더불어 얼마든지 다시 시작할 수 있다.
　　중요한 것은 훌륭한 조사(弔詞)를 행하는 일이 아닐까? 우리

가 한때 우리 자신이었던 것들에게 바치는 조사, 즉 우리가 그것들을 떠나보내는 방식은 우리가 새로운 것들과 관계 맺는 방식을 결정한다. 지금 새로운 것들을 기쁘게 마주하고 있는 자만이 한때 가장 소중했던 것들을 기쁘게 떠나보낼 수 있다. 나는 나를 떠나보내지 못했던 것이다. 때문에 무엇도 온전히 사랑할 수 없었다. '평범'이라는 가치중립적인 단어 뒤에 숨어서 삶을 반쯤만 겪으려고 했다. 난 가벼워지고 싶었다. 한 번뿐인 삶이라면 의무나 신념 목적 같은 것들을 짊어지기보다는 유유자적 내게 허락된 시간을 즐기고 싶었다. 그러나 내가 결정적으로 간과한 것이 있다면 삶을 '주어진 것'으로 여긴 것이다. 난 삶이란 무의미한 것이라고 생각했고, 그에 따라 덜 의욕함으로써 무의미한 삶을 쾌적하게 소요(逍遙)하고자 했다. 그러나 이는 '나'라는 익숙함에 대한 유아적인 집착에 다름 아니었다. 무엇에도 '나'를 내주지 않으려는 인색함!

　삶이 무의미하다고 할 수 있다면, 그것은 무엇도 그 자체로 주어져 있지 않다는 점 때문일 것이다. 분명 스스로의 자명성을 주장하는 가치들이 있다. 그리고 그것을 우리에게 강요하는 힘들 또한 어디에나 있다. 그러나 그러한 힘들과 싸우는 것은 의미 대신에 무의미를, 특별함 대신에 평범함을 선택하는 일과는 무관하다. 사사키 아타루는 오카모토 다로(岡本太郎, 1911~1996)라는 예술가를 언급하며 100퍼센트 엉터리로 그림을 그리는 일의 어려움에 대해서 이야기한다. 누군가 100퍼센트 엉터리로 그림을 그려 보라고 한다면, 우리는 기껏해야 정상적인 그림의 일그러진 모양을 그리거나 무작위로 선을 그을 것이다. 모두 '정상적인 그림'을 의식한 것일 뿐이다. 진정으로 엉터리 그림을 그리기 위해서는 그림을 그리는, 나아가 사물을 보는 우리의 익숙한 습관과 싸워야 한다. 그리고 다른 그리기와 보기의 양식을 창조해야 한다. 적어도 창조하기를 시도해야 한다. 의미나 목적과 싸우는 것도 이와 마찬가지다. 주어져 있지 않은 의미와 목적을 시도해야 하는 것이다.

스미다. 나는 스미다에게서 묘한 동질감을 느꼈다. 스미다도 나도, 삶에 대해 정직하고자 했다. 기만을 덜 저지름으로써 말이다. 그러나 니체에 따르면 삶은 논증이 아니다. 삶에는 오류와 기만 또한 포함되어 있다. 삶이란 그것을 회피하거나, 그로부터 숨을 수 있는 무엇이 아니다. 삶은 우리의 바람이나 기대, 예측을 어긋나며 끊임없이 진동한다. 스미다를 보라. 삶은 그를 두더지처럼 숨어 있도록 내버려 두지 않는다. 스미다는 훌륭한 보통 어른이 되고자 했지만, 어머니로부터 버림받고 아버지를 죽이게 된다. 아버지를 죽인 스미다는 '덤으로 사는 인생'을 자신의 죗값을 치르는 데 쓰고자 하지만, 우연은 또다시 그를 흔들어 놓는다. 원작 『두더지』는 스미다의 자살로 끝난다. 그러나 소노 시온 감독은 『두더지』를 영화화하면서 스미다를 죽게 내버려 두지 않았다. 영화를 준비하던 도중 3·11 후쿠시마 원전 사고가 터진 것이다. 스미다의 죽음은 더 이상 '평범한 삶'을 살 수 없게 되어 버린 젊은이들의 운명을 효과적으로 보여 줄 수 있었을 텐데, 왜 결말을 바꾼 걸까? 죽는 것은, 더군다나 영화에서 누군가를 죽이는 것은 차라리 쉽다. 그러나 살아야 하지 않겠는가. 폐허 위에서, 그래도 우리는 살아야 하지 않는가. 나는 스미다가 자신의 밑바닥까지 내려가 스스로의 모순과 기만을 마주했기 때문에, 즉 이전까지의 자신을 매장할 수 있었기 때문에 다시 살아갈 수 있는 힘을 얻었을 것이라고 믿는다.

고귀해지고 싶다

나는 나의 평범이 특별하다고 믿었는데, 평범함을 추구하는 것은 어느새 '힙'한 태도의 한 유형이 되어 가고 있는 것 같다. 평범을 자임하는 것은, 사회적 성공보다는 나의 작은 행복을 더 중요시하고, 타인의 인정보다는 나의 기분을 더 소중하게 여기며, 화려한 비일상을 추구하기보다는 소박하고 아기자기한 일상을 가꾸는 데 신경을 쓴다는 자기 표명이다. 본인이 수상한 대중음악상 트로피를 즉석에서 경매에 부친, 어느 모로 보나 평범하지 않은 가수(겸 영화감독 겸 모델인) 이랑. 그는 '평범한 사람'을 노래한다. "평범한 사람이 나는 좋아요/ 평범한 커피점에서 만나요/ 평범한 옷과 신발을 신고/ 사람들 사이에서 눈에 띄지 말아요." 굳이 눈에 띄려 들지도 주류에 속하고 싶어 하지도 않으면서 조용히 자신만의 소소한 취향과 일상적 리듬을 고수하는 것. 그것이 2018년의 힙한 평범함이다.

여기에서도 정당화의 악취가 난다. 우리는 '이 정도면' 충분하다고 말한다. 대기업에 취직하고 싶지도 않고, 명품도 필요 없고, 튀고 싶지도 않다고. 소소하지만 확실한 행복이면 족하다고. 그러나 혹시 우린 '커다란 탐욕'과의 비교 속에서 우리의 '작은 탐욕'을 정당화하고 있지 않은가? 우리의 '작은 탐욕'은, 그것이 탐욕이기 때문이 아니라 그것이 정당화를 필요로 한다는 점에서 의심스럽다. 여기서도 '평범'은, 일종의 자기보존을 위한 도피처로 기능하고 있다.

'대학-취직-결혼'으로 이어지는 정해진 삶의 코스를 따라가는 것이 우리에겐 불가능해졌다. '남들처럼 평범하게' 사는 것이 불가능한 미션이 되어 버리고 말았다. 이에 우리는 이 '불가능'으로부터 부정적인 방식으로 우리의 행위와 욕망을 구축하고 있다. 구태여 불가능한 것들을 욕망하기보다는 빠르게 단념하고 주어진 현실에 적응해 '가능한 행복들'을 누리며 살아가려 한다. 이것은 저항도 아니고 새로운 삶의 스타일을 만드는 일도 아니다. 그저 현실적으로 불가능해져 버린 '평범한 삶'을 또 다른 평범함으로, 영토를 또 다른 영토로 대체했을 뿐이다. 끊임없이 평범이라는 말 뒤에 숨을 뿐이다.

니체는 고귀해지라고 말한다. '여론'에 속하지 말라고, '시장터'를 멀리하라고. 니체가 말하는 고귀한 삶이란 '성공'이나 '행복' 같은 척도로는 포착되지 않는다. 니체가 말하는 고귀함이란 자기만의 가치와 척도를 만들어 내면서 살아가는 능동적 태도이기 때문이다. 누구의 것도 아닌, 그렇다고 나만의 것도 아닌 삶. 평범하지도 특별하지도 않은 삶. 나는 더 이상 평범 뒤에 숨고 싶지 않다.

3장 '자기애'라는 이름의 사이비 이기주의

나는 전부 다 안다, 나 자신을 제외하고는

나는 혼자 있는 게 좋다. 맞벌이를 하시는 부모님 밑에서 외동아들
로 자란 탓인지, 혼자 있는 것에 매우 익숙하다. 익숙할 뿐만 아니
라 언제나 혼자 있는 시간을 필요로 한다. 물론 남들과 함께 있는
시간도 소중하지만, 기본적으로 나는 혼자 있을 때 자유롭다고 느
낀다. 누구도 의식할 필요 없이 타인들이 가하는 힘들로부터 자유
로운 상태. 물론 살아가기 위해서는 타인들이 필요하다. 흔히들 말
하는 것처럼 인간은 사회적 동물이니까. 그러나 무엇보다 중요한
것은 나 자신이고, 나 자신과의 관계다. 나는 그렇게 생각했다. 타
인들 없이는 어떻게든 살아갈 수 있을지 모르지만, 혼자 있는 시간
없이 24시간 타인들과 밀착되어 있다면 결코 견딜 수 없으리라고,
관계가 주는 압력에 질식사하고 말 것이라고 확신했다.

　　물론 혼자 있다고 해서 반드시 자유로운 것은 아니다. 남들의

시선이 이미 우리에게 내면화되어 있기 때문이다. 그것은 도덕의 형태일 수도 있고, 종교나 이데올로기의 형태일 수도 있다. 아니면 그것의 정체는 우리의 코드화된 욕망 자체일지도 모르겠다. 아무튼 우리는 혼자 있을 때도 사실은 혼자 있지 않다. 그래서 난 혼자 있는 시간을 '만들어야' 한다고 생각했던 것 같다. 어떻게 진정으로 혼자 있을 수 있을까? 모든 것으로부터 거리를 둠으로써, '나'를 넘어서는 모든 이상들을 멀리하고 지금 내 욕망에 충실함으로써! 이것이야말로 진정한 '혼자 있기'라고 믿어 버렸다.

나를 착취하고 억압하는 모든 것들로부터 거리를 유지하기. 거대한 가치들을 부정하고, 원대한 꿈이나 커다란 탐욕을 경계하고, 나의 '소소한' 욕망과 현실에 만족하기. 이것이 내가 나 자신을 아끼는 방식이었다. 가령, 취직을 한다면 직장이 나 자신을 모두 규정하도록 내버려 두지 않겠다. 옳다고 여기는 가치들을 신념화하지 않겠다. 어떤 주어진 역할과 나 자신을 혼동하지 않을 것이다. 매사에 온 힘을 다하지 말자. 나는 무언가와 나 자신을 완전히 일치시키는 일을 극도로 경계했다. 자신의 직업이나 자신이 믿는 가치와 스스로를 일치시킨 자, 그가 바로 꼰대가 아닌가. 나는 꼰대가 될 마음이 눈곱만큼도 없다.

이것이 내가 나를 사랑하는 방식이었다. 그러나 이런 사랑은 나의 역량에 어떤 변화도 가져오지 않았다. '나'를 넘어서는 가치들과 힘들을 걷어내고 나면 내 욕망의 확실성에 이르게 될 것이라고 믿었으나, 어쩐 일인지 나는 능동적으로 되기는커녕 점점 더 무기력해져 갔다. 애초에 내가 지키고자 했던 '나'란 무엇이었는지조차 점점 모호해져 갔다. 나는 그저 '외부'를 거부하면 된다고 착각했던 것이다. '열심히 살라'고 떠들어대는 사람들을 비웃고, 내게 간섭하는 사람들의 말에 귀를 막고, 나를 현혹시키는 화려한 삶에 대한 환상들이 얼마나 공허한 것인지를 간파해 내는 것으로 충분하다고 생각했다. 그러나 정작 나는 나를 너무 몰랐다. 나의 욕망, 생각, 몸, 마음과 대면하지 않고 있었던 것이다. "나는 전부 다 안다, 나 자신을 제외하고는."(송면, 『프랑수아 비용』, 동문선, 1995, 536쪽)

사이비 이기주의

고대 그리스 테스파이아의 미소년 나르키소스. 그는 뭇 남성들과 여성들의 사랑을 독차지했지만, 그 누구의 마음도 받아들이지 않았다. 그러던 어느 날 나르키소스로부터 거절당한 아메이니아스는 스스로 목숨을 끊으며 그가 자신과 같은 고통을 겪게 해달라고 빌었고, 복수의 여신 네미시스가 이를 들어주었다. 그리하여 나르키소스는 사냥을 하던 중 목을 축이러 간 샘에서 물에 비친 자신의 모습에 첫눈에 반하게 되고, 넋을 놓고 바라보다가 그만 샘물에 빠져 죽고 말았다. 나르키소스가 최초로 마음을 연 상대는 자기 자신이었고, 그의 자기애는 스스로를 죽음에 이르게 했다. 자기애를 뜻하는 나르시시즘이라는 말은 이와 같은 나르키소스 신화로부터 비롯되었다.

우리의 자기애란 대개 나르키소스의 그것과 다르지 않다. 나르키소스가 사랑했던 것은 샘물에 비친 자기 자신의 '이미지'였다. '나'라는 상(像)에 대한 사랑. 그의 자기애는 자기 자신의 '대상화'를 수반한다. 자기 자신을 대상화한다는 것은 무엇인가? 그것은 자기 자신을 어떤 상으로 규정해 주는 시선을 내면화하는 일이다. 우리는 결코 혼자서 자기 자신을 규정할 수 없다. 나를 바라보는 타인의 시선, 사회의 시선, 자본의 시선, 미디어의 시선을 내면화하고 그러한 시선들을 조율하면서 '나'라는 대상화된 이미지에 이르게 된다. 이렇게 형성된 '나'라는 규정과 이미지에 집착하는 것을 우리는 자기애라고 부른다. 그러나 아이러니하게도, 이러한 자기애는 결코 자기를 위할 줄 모르는 '사이비 이기주의'다.

> 사이비 이기주의.──대다수 사람들은 자신의 '이기주의'에 대해 어떻게 생각하고 말하든 간에, 일생 동안 자신의 자아를 위해서는 아무것도 하지 않으며 오직 자아의 환영을 위한 일만 한다. 이러한 자아의 환영은 그들의 주위 사람들의 머리에서 형성되어 그들에게 전해진 것이다.(니체, 『아침놀』 105절, 니체전집 10, 박찬국 옮김, 책세상, 2004, 113~114쪽)

니체의 말에 비춰 보면 내가 사랑한 것은 사실 나의 환영일 뿐이었다. '평범한 삶을 살고 싶어 하는 나', '현실에 만족하는 나', '경쟁을 싫어하고 투쟁적이지 않은 나', '냉소적이고 염세적인 나'. 나는 이러한 자기규정들을 통해서만 나 자신과 만났다. 그러나 이러한 자기규정들은 타자들의 시선을 내면화한 대상화된 이미지에 다름 아니다. 나는 나를 사랑한다고 말하면서 사실 자아의 그림자만 뚱뚱하게 살찌우고 있었던 것이다. 나는 내가 키워 온 그림자의 무게에 짓눌렸다.

나는 늘 내가 나 자신을 있는 그대로 긍정한다고 생각했다. 적어도 나는, 더 나은 사람이 되어야 한다거나 목표를 이뤄야 한다고 스스로에게 명령하지 않았으니까. '더 나은 나', '완벽한 나' 따위의 이미지를 만들어 내고 그러한 자아 이미지에 비추어 스스로를 비하하는 사람들이 이해되지 않았다. 나는 나 자신에게 최소한의 것들만을 요구했고, 그렇게 나의 자아를 위하고 있다고 생각했다. 그러나 이것은 자아의 환영에 봉사하는 또 다른 방식일 뿐이었다. 나는 여전히 나 자신의 대상화된 이미지하고만 관계 맺고 있었던 것이다. 나는 나의 의지와 욕망과 충동들에게 '나는 원래 이런 인간이야'라는 자기규정에 봉사할 것을 명령하고 있었다. 그런 방식으로 나 자신의 힘을 무력화시켰다. 때문에 나의 자기긍정에는 언제나 자기비하가 동시에 작동하지 않을 수 없었다.

나르시시즘, 즉 대상화된 자기 자신의 상에 대한 집착은 우리 자신에 대한 인식도 이해도 뭣도 아니다. 타인의 시선을 자기 자신이라 믿고 그것에 집착하는 것일 뿐이다. 난 소위 말하는 '꼰대'들을 혐오했다. 자기 신념을 의심할 줄 모르는 무능력을 자기 자신에 대한 확신으로 둔갑시킨 자들 말이다. 학교에서, 알바를 하면서, 군대에서… 도처에서 그런 인간들을 만날 수 있었고, 나는 '절대로 저들처럼은 되지 말자!'라고 다짐했다. 그리고 그들의 정반대의 자리에 나를 위치시키고자 애를 썼다. 타인들의 문제에 대해 평가하지 않고, 판단하지 않고, 개입하지 않으려 했다. 그러나 이는 '중립'이나 '객관'이라는 상상적 포지션에 나를 대입함으로써 지금 나의 해석과 평가와 판단을 외면하는 일이었다. 내가 나라고 믿고 소중하게 지키고자 했던 것은, 내가 혐오하는 집단에 대해 반정립된 이미지일 뿐이었다. 이러한 대상화된 이미지로서의 나 자신을 지키는 것은 동시에 나 자신의 힘을 빼앗는 일이기도 했다.

　나르시시즘은 지금 여기에서, 내가 아닌 것들과 더불어, '나'라는 규정성을 빠져나가고 있는 나 자신을 부정하게 만든다. 나아가 더 이상 내가 누구인지 알 수 없게 되어 버리는 지경에 이르게 만든다. 지금 우리 시대에 나르시시즘은 기이한 형태로 드러난다. 소셜 미디어들을 보라. 거기에는 자기 자신과 사랑에 빠진 것처럼 보이는 사람들뿐이다. 온통 자기 자신밖에 없다. 공들여 찍은 셀카, 자신의 데일리 룩, 자신이 바라본 풍경, 자신이 먹은 음식. 그러나 이때 '자기 자신'이란 이미 타인의 시선에 의해 완전히 점령된 이미지에 다름 아니다. 우리가 소셜 미디어에 전시하는 '나 자신'에는 내 타임라인을 바라봐 주고 '좋아요'를 눌러 줄 익명의 누군가의 시선이 깊숙이 개입되어 있다. 그 안에서 나와 타자의 경계는 더 이상 알아볼 수 없이 흐릿해져 있다. 가장 사적인, 그러나 이미 모두에게 노출되어 있는 자기 자신이라는 역설.

　자기 자신을 과대평가하고 거울을 들여다보며 시간을 보내는 자만이 나르시시스트가 아니다. 나르시시즘이란 자기 자신의 타자성에 대한 부정이다. 나는 온전히 나 자신으로 존재하고자 했다. 나의 욕망에 충실하고자 했다. 그러나 그것은 '나'라고 하는 어떤 영역을 실체화시키는 일에 지나지 않았다. '나'에 대한 집착은 나 자신의 의지와 욕망에 어떤 균열도 가져다주지 못했다. 그러니 나를 사랑한다면서 나를 긍정할 수는 없는 지경에 빠질 수밖에. 이러한 사이비 이기주의는 나로 하여금 무언가를 행하게 하고 또 행함으로써 삶을 긍정하도록 하는 방식으로 작동하지 않았다. 오히려 현실의 나와 '저 너머의 나'를 분리하면서 삶을 저버리게 만들 뿐이었다. 누군가 이념에 자기 자신을 동일시하고, 다른 누군가가 자신의 소유물에 스스로를 동일시하는 것처럼, 나는 내가 구축한 '나'라는 환상에 나 자신을 동일시했던 것이다. 이는 결국 대상화된 나의 규정성을 쥐고 놓지 않으려는 집착이었고, 그 결과는 나 자신의 상실로 드러났다.

나에 대해 쓴다는 것

"니가 나에 대해서 뭘 알아!" 나는 이 말을 온몸으로 표현하고 다녔다. 나는 다른 누구보다도 나 자신에 대해 잘 알고 있다고 확신했다. 나 자신에 대한 앎은 내게 일종의 권리와 같았다. 물론 가끔은 "나도 나를 잘 모르겠어"라고 호소하지만, 그런 예외적인 순간조차 나는 '나'에 가장 가까이 있는 존재다. 이러한 태도는 내가 나 자신과 관계 맺고 있던 방식을 집약적으로 보여 준다. 나는 나 자신을 '소유'의 대상으로 삼았던 것이다. 내가 쥐고 있을 수 있는 무엇으로. 그런데 소유할 수 있다는 믿음은 그 대상에 대한 비하 내지는 평가절하가 함축되어 있는 게 아닐까? 상대를 자신의 소유물이라고 생각하는 연인을 떠올려 보자. 그가 아무리 자신의 소유물을 소중히 다룬다고 한들, 거기에는 이미 상대를 얕잡아보는 마음이 작동하고 있다. 자기 자신과의 관계에서도 마찬가지다. 나를 고정된 무엇으로 고정시키는 것, 즉 인식 주체인 우리가 우리 자신을 온전히 소유할 수 있다고 믿고 소유하려 드는 것, 이는 자기 자신에 대한 최고의 무례가 아닐까?

> 우리는 필연적으로 우리 자신에게 이방인이다. 우리는 우리 자신을 이해하지 못한다. 우리는 우리 자신을 혼동하지 않을 수 없다. "모든 사람은 자기 자신에 대해 가장 먼 존재이다"라는 명제는 우리에게 영원히 의미를 지닌다.──우리 자신에게 우리는 '인식하는 자'가 아닌 것이다. (니체, 『도덕의 계보』, 니체전집 14, 김정현 옮김, 책세상, 2002, 338쪽)

니체는 우리가 믿어 의심치 않는 우리 자신에 대한 소유권을 가차없이 박탈한다. 우리 자신에게 우리는 '인식하는 자'가 아니다. 따지고 보면 우리가 자기 자신을 마주하게 되는 것은 항상 다른 것들과의 마주침을 통해서다. 우리를 둘러싼 공기, 우리를 내리쬐는 햇살, 우리의 몸 안에 들어와 있는 이물질들의 작용 등등 자기인식에는 이미 늘 '바깥'이 개입하고 있는 셈이다. 그렇다면, 자기 자신에 대한 사랑과 이해는 우리가 우리 자신에 대한 무지를 인정할 때, 다시 말해 절대적 인식자로 군림하기를 그만둘 때 비로소 시작된다고 할 것이다.

니체는 자기 자신을 인식하기 위해 우리는 "자신을 불시에 습격할 줄"(니체, 『인간적인 너무나 인간적인 II』 『방랑자와 그의 그림자』 316절, 니체전집 8, 김미기 옮김, 책세상, 2002, 413쪽) 알아야 한다고 말했다. 내가 나를 알게 되는 것은 더 이상 편안하게 나 자신 안에 머물 수 없게 되는 순간이다. 우리는 한계에 도달하고 실패함으로써만 스스로를 인식할 수 있기 때문이다. 뭍에서는 내가 물에 뜰 수 있는지 알 수 없다. 우리는 '할 수 없음'에 이를 때 스스로를 알게 된다. '할 수 없음'을 행하는 것, 그것이 시도이고 실험이다. 매번 할 수 없음에 이름으로써만 무엇을 할 수 있는지도 알 수 있다. 그러니까 사실 자기인식이란 그 자체로 자신에 대한 실험이자 시도다. 우리는 외부에 스스로를 열고 끊임없는 '되어 감' 속에 있음으로써만 자기 자신을 알아갈 수 있다. '나'를 고집하지 않음으로써만 매번 새롭게 나에 이를 수 있는 것이다.

나는 글을 쓰면서 나 자신을 인식한다는 것이 무엇인지를 배우고 있다. 좋은 글은 '이행'을 포함하고 있다. 기존의 관점에 그대로 머물러 있는 채로는 도저히 기쁜 글이 나오지 않는다. 특히 나 자신에 대해서 쓰기 위해서는 나 자신인 채로 머물러 있을 수 없다. '나'에 대해서 쓴다는 것은 다른 내가 되어 감을 의미한다. 푸코는 "더 이상 얼굴을 가지지 않기 위해서 쓴다"(푸코, 『지식의 고고학』 이정우 옮김, 민음사, 2000, 41쪽)고 했다. 더 이상 얼굴을 갖지 않기 위해, 또 다른 얼굴들로 이행해 가는 것. 지금까지 나는 나 자신의 확실성으로부터 출발하려고 했다. '나의 욕망', '나의 행복'으로부터. 나 자신에 대한 인식, 즉 자기규정들이 내가 나아갈 방향을 제시할 것이라고 생각했다. 그러나 어쩌면 사태는 반대인 것이 아닐까? 우리는 매번 다른 나 자신으로 되어 감으로써, 내가 누구이며 나의 욕망이 무엇인지에 대한 확신을 얻는 것이 아닐까? 조금씩, 나는 나 자신에 대한 '모호한 확신'을 갖기 시작했다. 나 자신에 대한 또 다른 규정을 만들어 냄으로써가 아니라 지금 하고 있는 것 안에서 이렇게 드러나고 있는 나를 온전히 긍정함으로써.

4장 글쓰기, 나를 떠나 나에 이르는 길

글을 쓰고 싶다

지금도 그렇지만, 나는 그냥 글을 잘 쓰고 싶었던 것 같다. 우연히 공부를 시작하게 되었을 때 나를 가장 크게 매혹한 것은 글이었다. 글다운 글을 자주 접하지 못한 탓인지 글 잘 쓰는 게 멋있다는 생각은 해보지 못했는데, 그러던 중 연구실 주변을 맴돌며 마주친 글들은 나에게 생각지도 못한 놀라움으로 다가왔다. 이름조차 생소했던 저자들의 텍스트는 물론이고, 여러 선생님들의 글, 도저히 또래라고는 생각되지 않는 친구들의 글들을 접하며 처음으로 글을 잘 쓰고 싶다는 생각을 하게 되었고, 그 생각은 지금도 여전하다. 같은 공간에서 같은 공부를 하더라도 각자의 무게중심은 모두 다를 것이다. 내 공부의 중심은 단연 글쓰기다.

대체 어떤 글을 쓰고 싶었던 걸까? 우선 나는 '사적인' 글들이 싫었다. '자기문제'에만 매몰되는 글들 말이다. 나는 글로 누군가에게 '말을 건네고' 싶었다. 특히 내 또래들에게. 대학도 안 나오고 취업도 안 한, 조금은 독특한 위치에 있는 20대로서 내 포지션에서만 할 수 있는 어떤 이야기들을 전하고 싶었다. 군대를 다녀온 후 이런 열망은 더욱 커졌다. 내 또래들이 공감할 만한 텍스트는 부재하다시피 했고, 나는 그들과 함께 생각해 볼 수 있는 무언가가 있었으면 했다. 그게 일종의 강박이 된 걸까. 어떤 텍스트를 만나건 '청년'이니 '세대'니 '20대'니 하는 말들을 내세우지 않고서는 글이 시작되지 않았다.

그리고 몇 번의 에세이를 거치는 동안 이런 방식으로 글을 쓰는 것이 일종의 패턴이 되어 버렸다. 20대의 안온하면서도 무기력하고 불안한 삶을 스케치하는 것으로 글을 시작하고, 읽은 텍스트의 내용을 거기에 적당히 끼워 맞춘 다음, '각자의 자유를 발명하자'는 식의 무책임하고 공허한 결론에 이르기. 이마저도 글이 잘 풀릴 때의 얘기다. 이런 식으로 쓴 글들은 나 자신에게조차 별다른 파장을 일으키지 못했다. 나 자신부터가 공허하다고 느끼는 글들이 다른 이들에게 어떤 울림도 주지 못할 것임은 너무나 자명한 일이다.

모든 글은 사적이다, 그러므로 어떤 글도 사적이지 않다

무언가에 대해 말하고 쓰기 위해서는 우선 그것을 관찰해야 한다. 니체에 따르면, 관찰이란 관찰 대상과 "비밀에 찬 적대관계, 즉 서로 마주 바라보는 적대관계"(니체, 『인간적인 너무나 인간적인 II』 서문, 니체전집 8, 김미기 옮김, 책세상, 2002, 11쪽)에 돌입하는 일이다. 예컨대, 자신이 속한 집단을 관찰하기 위해서는 그 집단에 대해 이방인이 되어야 하고, 자기가 속한 시대를 관찰하기 위해서는 얼마간 반시대적으로 되어야 한다. 이방인이 된다는 것은 대상을 조망할 수 있는 중립적인 거리의 확보를 의미하지 않는다. 오히려 그것은 대상과의 익숙하고 쾌적한 관계를 해체하고, 낯선 거리를 발명하는 일이다. 반시대적으로 된다는 것 역시 스스로를 바깥에 놓고 제3자의 위치에서 자기시대를 저울질하는 일과는 무관하다. 반시대적으로 된다는 것은 자기시대로부터 빠져나갈 은밀한 출구를 하나 발명하는 일이다. 따라서 이방인과 반시대적인 자는 자신의 집단과 시대를 '관찰'한 결과 더 이상 이전과 같은 방식으로 거기에 '속해' 있을 수 없게 된 자들이다. 관찰이란 무엇보다 관찰하는 나의 위치와 관련된 일이며, 세계와 나 사이에 다른 긴장을 만들어 내는 일이다.

누구도 자기 자신과 무관한 것을 관찰할 수 없으며 자신이 아닌 것에 대해서 쓸 수 없다. 아니, 무언가를 관찰하고 무언가에 대해 쓴다는 것은 이미 그것과 자신이 무관하지 않음을 뜻한다. 관찰은 자신을 빼놓고 이루어지는 일이 아니기 때문이다. 관찰한다는 것은 대상과 나 사이의 익숙한 고요함을 뒤흔들어 놓는 일이라는 점에서 대상과의, 동시에 자기 자신과의 불화와 투쟁을 함축한다. 쓴다는 것은, 그 투쟁을 통해 자기 자신으로부터의 은밀한 탈주를 감행하는 일이다. 요컨대 쓴다는 것은, 무엇을 쓰든 간에 결국 자기 자신에 관한 일이며, 자신으로부터 떠나는 일이다. 그것은 한때 자신이었던, 그리고 여전히 자신의 일부를 구성하고 있는 어떤 것과의 투쟁과 결별을 함축한다. 이로써 우리는 비로소 미지의 관계로 돌입하게 되는 것이다.

> 우리는 침묵해서는 안 될 경우에만 말해야 한다; 그리고 극복해 낸 것에 대해서만 말해야 한다.(니체, 『인간적인 너무나 인간적인 II』 서문, 니체전집 8, 김미기 옮김, 책세상, 2002, 9쪽)

니체는 그 자신과 무관한 것에 대해서는 쓰지 않았다. 철저히 자신의 것, 그리고 자신이 극복해 낸 것들에 대해서만 말했다. 니체는 매번의 글쓰기를 통해 스스로를 관찰하기를, 다시 말해 자신으로부터 떠나기를 반복했다. 교양인, 문헌학자, 염세주의자, 바그너, 쇼펜하우어… 등등은 그가 싸우고 떠나온 자기 자신의 다른 이름들이다. 그의 모든 글쓰기는 자기 자신에 관한 것이었으며 자기극복의 과정이었다. 더 나은 자신으로 전진해 나가는 과정으로서가 아니라, 끊임없이 자신과 결별하는 과정으로서의 자기극복. 니체는 자신이 맞서 싸운 모든 인간적인 것들 속에서 자기 자신을 발견했고, 그 싸움의 과정을 통해 자기 자신과 결별했다.

니체를 통해 나는 '사적인 글'에 대한 나의 표상을 의심하게 되었다. 글을 쓰는 일에 있어서, 아니 어쩌면 모든 일에 있어서 사적인 것과 사적이지 않은 것의 구분은 무의미하다. 내가 들여다보는 모든 것들 속엔 내가 있고, 그 모든 것들은 이미 나를 이루고 있기 때문이다. 내가 아닌 것들에 대해서는 말할 수도, 말할 필요도 없다. 쓰기에서 문제는 나 자신으로부터 떠나는 과정에 있느냐, 아니면 더욱 단단히 붙드는 중에 있느냐 하는 것이다.

흔들리며 말 건네기

누군가에게 '말을 건넨다'는 것은 무엇일까? 어쩌면 그것은 굉장히 폭력적인 일일 것이다. 내가 완전히 이해하고 나를 완전히 이해하는(혹은 그렇다고 믿는) 누군가에게는 말을 건넬 필요를 느끼지 않는다. 말을 건네는 일은 이해 가능한 공통의 지평 위에서 이루어지는 소통과는 무관하다. 말을 건네고자 하는 열망은 소통과 이해의 불가능성으로부터 기인한다. 공통적인 것들 위에서의 소통이 아니라 기존의 소통 기반 자체를 허물어 버리는 일, 어떤 대안을 제시하는 대신에 문제 자체를 비틀어 되돌려 주는 일. 말을 건넨다는 것은 전달할 수 없는 것을 전달하는 일이며, 그것을 요청한 적이 없는 누군가에게 자신의 타자성을 뿜어 내는 일이다.

처음의 문제로 돌아가 보자. 20대인 내가 내 또래들의 문제에 대해서 가장 진부한 방식으로밖에 말할 수 없던 것은 왜일까? 그것은 내가 너무나 '20대인 채로' 20대의 문제를 논했기 때문일 것이다. '20대'라는 규정성 안에 머무르는 한, 내가 속한 세대를 관찰하는 것은 불가능하다. 50대가 자기경험을 보편화하며 20대들에게 충고할 때, 우리는 그를 꼰대라고 부르지 않는가. 20대인 채로 20대를 논하는 것 역시 스스로가 속한 세대를 보편화하는 일에 지나지 않는다. 그동안 나는 '불안', '무기력', '냉소', '염세' 등 내가 갖고 있던 이미지 혹은 선관념을 통해서만 나와 내 또래들의 문제에 접근했다. 그렇게 문제를 어떤 표상 안에 가두어 버렸기 때문에 누구도 놀라게 하지 않는 뻔한 질문과 누구도 다치게 하지 않는 교조적인 결론밖에는 나오지 않았던 것이다. 지금 내게 필요한 것은 내가 갖고 있는 표상들과 그러한 표상으로 구축된 영토를 허물어 내는 일이다. 어떤 표싱이나 이론도 나와 우리의 문제를 완벽하게 요약하지는 못한다. 그러니 이론에 기대어 우회하지 말자. 나로부터 단도직입(單刀直入)하자.

매끈하게 설명되지 않는 것들을 직시할 수 있을 때라야 '20대'라는 규정성으로부터 떠나 진부하지 않은 방식으로 말을 건넬 수 있다. 설명되지 않는 것들을 직시한다는 것은 무엇인가? 하나의 관점으로부터 문제를 매끈하게 정리하려 들지 않는 것, 다시 말해 문제를 매번 다른 관점에서 바라보는 힘을 갖는 것이다. 나와 우리의 문제를 직시하기 위해서는 우선, 그것을 바라보는 나의 고착적 관점으로부터 가벼워져야 한다.

가벼움이라는 가면 뒤의 무거움

니체 세미나를 하며 가장 크게 바뀐 것은 '가벼움'에 대한 이미지다. 가벼운 태도, 가벼운 마음은 어떻게 얻게 되는 것일까? 나는 진지함을 포기할 때, 삶의 무게를 방기할 때 나타나는 것이 가벼움이며, 가벼워지기 위해서는 심각한 문제들에 대해서 잠시 눈을 감아야 한다고 생각했다. 반대로, 스스로를 회피하지 않기 위해서는 어느 정도 비장해질 수밖에 없다고 여겼다. 그리고 가벼움과 진지함의 기로에서 나의 선택은 당연히 진지함이었다. 그런데 니체를 읽으며 어렴풋이 알게 된 것은, 무거움과 비장함은 삶의 무게를 감당하지 않으려 하는 자에게 고유하게 나타나는 태도라는 점이다. 인간들이 가장 회피하고 싶어 하는 것은 사실 존재의 가벼움이며, 비눗방울 같은 삶의 무의미함과 불안정성을 직시하느니 심각한 얼굴을 꾸며 내고 비장함을 가장함으로써 그것을 외면하고자 한다는 것.

사실 나와 내 또래는 누구보다 가벼움을 추구한다. 우리는 진지하고 무거운 이야기를 꺼내 관계를 불편하게 만드느니 차라리 관계 하나를 단념하기를 선택하고, 누군가의 어설픈 진지함에 대해 '진지충', '씹선비'와 같은 말들로 불편한 심사를 여과 없이 드러낸다. 다치기 싫어서 피하고 경계하는 태도를 '쿨함'이라는 말로 포장한다. 우리는 침투해 들어오는 모든 것들로부터 스스로를 지키기 위해 가벼운 웃음이라는 마스크를 착용하고 있다. 우리의 가벼움은 길을 잃을 게 두려워 정해진 경로에서 한 걸음도 벗어나지 않으려는, 두려움으로 경직된 마음의 표현이다. 이와 달리, 니체가 말하는 가벼움은 요동치는 바다에서 파도타기를 시도하는 자의 가벼움이다. 파도 위에 서 있기 위해서는 땅에서 자신을 지탱하던 감각을 버려야 한다. 매번 다른 높이와 리듬으로 닥쳐오는 파도와의 관계 속에서 새로운 균형을 만들어 내야 한다. 그리고 무엇보다, 새로운 균형을 만들어 내기 위해서는 균형을 잃는 것을 두려워하지 않아야 한다. 균형을 잃고 파도에 휩쓸릴 것을 두려워하지 않는 자만이 바다와의 새로운 관계 속에서 리듬을 탈 수 있으며, 자신을 지탱하던 힘들을 과감히 버릴 수 있는 자만이 자기 자신과 새롭게 관계 맺을 수 있다.

내 글이 무거워지는 것은 스스로 무언가를 알고 있다고 믿는 순간이었다. 내가 알고 있는 무언가가, 다시 말해 지켜야 할 무언가가 있다고 믿을 때 나는 가볍게 내 생각을 펼쳐 내지 못하고, 권위에 의존하는 방식으로 문제를 회피하며 움츠러들었다. 매번 비장하게 '무기력'이나 '냉소' 같은 문제를 꺼내들었지만 이상하게도 찝찝한 뒷맛이 남았던 건 그 때문이다. 중요해 보이는 문제들과 중요해 보이는 말들에 의지함으로써 '나 자신'을 지켰던 것이다. 때문에 나 자신으로부터 떠날 수도, 나 자신을 직시할 수도 없었다. 이게 바로 나의 글이 누구에게도 '말을 건네는' 글이 될 수 없었던 이유다.

더 '잘' 쓰고 싶다

2017년 늦여름부터 2018년 초여름까지, 대략 1년 동안 2주에 한 편씩 글을 썼다. 내겐 엄청난 도전이었고, 나름대로 많은 부침을 겪었다. 무슨 말을 하고 싶은지 모르겠어서, 하고픈 말을 어떻게 풀어야 할지 모르겠어서, 생각이 이미 만들어 놓은 틀에 갇혀 나아가지 않아서 머리를 수도 없이 쥐어뜯었다. 솔직히 말해서 '다시는 글쓰기 싫다!'라는 생각도 자주했다. 그냥 내 얘기를 하면 되는 건데, 뭐가 그렇게 어려웠을까? 아니, 어쩌면 그게 제일 어려운 건지도 모르겠다. 글을 쓰면서 한 가지 확실히 알게 된 것이 있다면, 글쓰기란 자기 인식의 수단이라는 것이다.

어떤 주제에 대해서 말하건, 매번의 글쓰기는 나 자신과의 만남이었다. 그리고 이러한 만남은 매번 예상하지 못한 방식으로 이루어졌다. '나는 이래', '나의 문제는 이거야'라는 식으로 접근하는 동안에는 도저히 글이 진행되지 않았고, 나 자신에게도 접근할 수가 없었다. 오히려 나는 나와 무관하다고 생각했던 것들, 내가 혐오했던 것들, 내가 한 번도 생각해 보지 않았던 문제들로부터 나를 만났다. 그러한 과정 속에서 동시에 내가 나라고 생각했던 것들을 더없이 낯설게 만나게 되기도 했다. 글쓰기는 타자를 매개로 나를 만나고 또 나를 매개로 타자를 만나는 과정이었다. 글을 쓰면서 나는 내가 구축해 온 환상과 모순, 나의 무지와 내가 세계를 해석해 온 협소한 관점을 마주해 왔다. 그리고 그러한 과정을 통해 한때 나 자신이었던 것들을 심판하거나 정당화하지 않고 '이해'했다. 이해하는 만큼 떠나보낼 수도 있었다. 글을 쓰는 동안 나는 나 자신으로부터 조금씩 자유로워졌다.

장 뤽 고다르는 영화가 무엇을 말하건 그 주제는 언제나 삶이라고 말한 적이 있다. 글쓰기도 마찬가지다. 누가 무엇에 관해 쓴 글이건, 거기에는 그가 지금 살아가고 있는 삶에 대한 질문이 진동하고 있다. 처음에 내가 글을 잘 쓰고 싶다고 생각했을 때, 그것은 유려한 문장을 쓰고 세련된 논리를 구사하고 남들과 다른 방식으로 참신한 문제를 제기하는 능력을 가리켰다. 그런 '멋진 글'을 막힘없이 써 내려갈 수 있었으면 좋겠다고 생각했다.

여전히 글을 잘 쓰고 싶다. 그러나 이제는 나를 만나고 나를 떠나는 과정이 드러나는, 한 문장 한 문장 지금 여기의 삶에 대한 질문이 진동하는 글을 쓰고 싶어졌다. 이것도 글쓰기를 통해 받은 선물이다.

2부
———

즐거운
학문,
유쾌한
몰락

사랑하고, 경멸하고, 떠나라

"어느 때고 너희가 원하는 것을 행하라.
그러나 너희는 그에 앞서
원할 줄 아는 자들이 되어야 한다!"
아, 너희가 나의 말을 이해한다면.
"이웃을 항상 너 자신처럼 사랑하라.
그러나 그에 앞서 자기 자신을 사랑할 줄
아는 자들이 되어야 할 것이다.
크나큰 사랑으로 사랑하고
크나큰 경멸로 사랑하라!"
신을 믿지 않는 자, 차라투스트라는
이렇게 말했다.

— 니체, 『차라투스트라는 이렇게 말했다』,
니체전집 13, 정동호 옮김, 책세상, 2000, 284~285쪽

나는 정말 내가 알고 있는 그 사람이 맞나!?

이건 SF 영화나 미스터리 소설에만 해당하는 질문이 아니다. 나 자신과 만나기를 시도하면서 내가 끊임없이 되풀이하게 된 질문이다. 나는 끊임없이 "튀지 않고 살고 싶다"거나 "별다른 꿈 없이 살겠다"라고 말해 왔고, 나를 그런 인간이라고 믿어 왔다. 중학교 1학년 때는 "평범하게 굴곡 없이 살다 가고 싶다"라고 말해서 주변 어른들을 경악하게 했다고 한다(!). 그러나 글을 쓰면서 나는 내가 한편에 감춰 두고 보지 않으려 했던 나의 환상들을 마주하게 되었다. 예술에 대해, 재능에 대해, 우정에 대해, 여행(비일상)에 대해, 무엇보다 나 자신에 대해 구축해 온 거대한 환상들. 내가 감추어 온 거대한 환상들은 현실에서의 나의 지독한 무능과 짝을 이루고 있었다. 환상들이 커질수록 나는 왜소하게 쪼그라들었고, 내가 무기력해질수록 환상들은 비대해졌다. 이제부터는 그 환상들에 대해 이야기해 보려 한다. 나는 이제 무력하게 꿈꾸고 은밀하게 동경하는 자가 아니라 당당하게 "나는 원한다"라고 말할 줄 아는 자가 되고 싶다. 반쯤만 긍정하고 반쯤만 사랑하는 자가 아니라 자기 자신을 사랑하기 위해 스스로에 대한 경멸에 이르는 일마저도 주저하지 않는 자가 되고 싶다. 지금부터 시작되는 2부에서 나는 내가 감춰 온, 삶을 좀먹는 나의 환영들을 불러낼 것이다. 그리고 내가 믿어 온 '나'란 도대체 누구였는지를 내게 질문할 것이다.

5장 예술과 철학, 일상의 힘

패터슨, 평범의 경이로움

짐 자무쉬의 영화 〈패터슨〉은 패터슨 시(市)의 시(詩) 쓰는 버스 드라이버 패터슨의 이야기다. 이 영화는 아마추어 예술가를 주인공으로 내세운 전형적인 영화들과 달리 패터슨의 '아무 일도 일어나지 않는' 일주일을 담담하게 따라갈 뿐이다. 매일 같은 시간에 일어나 아내와 짧은 대화를 나누고, 시리얼을 먹고, 동료의 하소연을 듣고, 버스를 몰고, 폭포 앞에서 점심식사를 하고, 다시 버스를 몰고, 기울어진 우체통을 고쳐 세우고, 불독 마빈과 산책을 하다가 바에 들러 맥주 한 잔을 마시며 하루를 마무리하는 지극히 단조로운 일과의 반복. 가령 〈위플래쉬〉의 '광기 어린 열정'이라든가, 〈원스〉 풍의 '인디 감성', 〈인사이드 르윈〉이 보여 주는 '비루한 현실' 같은 건 이 영화에 없다. 그런데 어째서인지 이 심심한 영화는, 아니 이 영화의 심심함은 내게 기묘한 충격으로 다가왔다. 예술이 저렇게 무미건조한 것일 수가 있단 말인가!?

　내게 예술은 특별한 무엇이었다. 일상과는 가장 멀리 떨어져 있는 엘도라도. 당연히 예술가들에게는 나 같은 범인(凡人)과는 다른 무언가가 있을 거라고 생각했다. 그런 믿음 때문인지 한때는 작품 한 편 읽어 보지 않은 위대한 작가들의 인터뷰를 찾아 읽는 재미에 빠진 적도 있었다. 그들의 삶은 그들의 작품보다 나를 더욱 매혹시켰다. 젊은 시절 대학을 관두고 무작정 유조선에 탄 작가도 있었고, 육체노동자에서 기자로 또 소설가로 변신을 거듭한 작가도 있었으며, 도서관 사서 생활을 하며 지하 서고에서 책을 읽고 글을 쓴 작가도 있었다. 내게는 그 모든 작가들의 삶이 특별해 보였다. 예술을 하는 친구들만 봐도 뭔가 남달라 보였다. 아니 '남다른 것들'만 보려 했다. 예술가란 그런 존재이고, 예술이란 그런 선택받은 사람들에게만 허락된 특별한 작업이라고 굳게 믿었다. 그런데 패터슨의 이토록 '평범한' 삶이라니? 꿈꾸던 '평범한 삶'을 실제로 마주하고 보니 무미건조하기 짝이 없는 게 아닌가. 어쩌면 내가 꿈꿔 온 '평범한 삶'이란 또 한편에서 은밀하게 꿈꿔 온 '특별한 삶'의 그림자에 지나지 않았던 게 아닐까?

　패터슨은 시를 투고하지 않을 거면 복사본이라도 만들어 놓으라는 아내의 애원에도 굴하지 않고 독자도 없는 시를 자기만의 '비밀 공책'에 묵묵히 써 내려간다. 그렇다고 그의 시가 어떤 특별하고 비의적(祕義的)인 영감의 산물인가 하면 그것도 아니다. 테이블 위에 놓인 성냥갑이나 할아버지가 즐겨 부르던 노래 같은 '하찮아 보이는' 것들이 그의 시가 된다. '특별한' 구석이라곤 없는 인간의, '시적인' 구석이라곤 없는 일상. 대체 이 뻔한 삶의 어디에서 시가 나올 수 있었던 걸까? 그러나 패터슨은 이런 내 질문을 전복시킨다. 바로 이 일상이 아니라면 시(예술)는 도대체 무엇으로부터 비롯될 수 있었겠는가?

환상은 일상을 잠식한다

나의 일상. 매일 아침 눈을 뜨면 허겁지겁 준비를 하고 연구실로 향한다. 세미나가 있는 날도 있고, 그렇지 않은 날에는 동료들과 밥을 해 먹으며 다른 세미나를 준비한다. 연구실 뒤쪽으로 짧은 산책을 다녀오거나 잠깐 기타를 튕기기도 한다. 그러다 밤이 되면 다 같이 공간을 청소하고 집으로 향한다. 집으로 가는 지하철 안에서는 대체로 음악을 듣는다. 지하철을 내려 집에 가는 중에는 종종 편의점의 유혹에 넘어가곤 하는데, 주로 라면이나 삼각김밥을 사 먹는다. 집에 도착해서는 별일 없으면 씻고 유튜브로 영상을 좀 보다가 잠이 든다. 나의 일상 또한 패터슨 못지않게 단조롭다.

모두가 그럴 거다. 패터슨은 버스회사에 나가고, 나는 연구실에 나가고, 또 다른 누군가는 사무실로, 공장으로 나가고… 산다는 게 뭐 이런 거겠지. 그렇지만 나는 꽤나 오래, 실은 지금도 여전히, 그렇지 않은 삶이 가능할 거라고 믿고 있다. 머릿속으로 끊임없이, 반복과 패턴으로부터 자유로운 '즉흥적 삶'을 꿈꾼다. 프리랜서가 되면 이런 삶을 살 수 있을까? 여행을 자주 다니는 직업을 얻으면

될까? 아니야, 노동 자체로부터 자유로워져야만 가능한 걸지도 몰라… 공허한 꿈과 부질없는 질문들. 그러다 문득 든 생각. 대체 나는 왜 반복과 패턴을 혐오하게 된 걸까? 누가 내게 그런 삶을 강요하는 것도, 직장생활을 경험해 본 것도 아닌데, 왜 나는 겪어 보지도 않은 삶에 대한 혐오와 그렇지 않은 삶에 대한 로망을 갖게 된 걸까?

언제부터인지 모르지만, 나는 '뻔한 삶'을 살게 될까 봐 두려웠다. 생각해 보면, 이러한 두려움에는 나도 결국에는 남들처럼 진부한 삶을 살게 될 거라는 체념 같은 것이 섞여 있었던 것 같다. 내가 '뻔한 삶'의 반대쪽에 모셔 놓은 즉흥적이고 자유로운 삶은 너무나 특별하고 희귀한, 그래서 결코 실현 가능해 보이지 않는 판타지였기 때문이다. 천부적인 재능을 지닌 예술가나 철학자들만이 진부한 삶의 중력으로부터 벗어나 자유롭게 소요(逍遙)할 수 있을 텐데, 그런 삶을 살기에 나는 너무나 평범하다는 자괴감. 나의 환상은 좇기엔 너무나 거대했다. 동시에 그런 삶을 포기하고 주어진 현실을 받아들이기엔, 내가 너무나 게을렀다. 하여, 화려한 로망과 폄하된 현실 사이에서 나는 브뤼당의 당나귀처럼 이쪽으로도 저쪽으로도 가지 못했다. 그러는 사이에 내가 놓친 것은 '지금' 나의 욕망, '지금' 나의 능력, '지금' 내가 맺고 있는 관계들이었다.

내가 처음 니체에 끌렸던 것도 비슷한 이유였던 것 같다. 어린 아이와 같은 유희정신을 말하는 니체, 모든 근거들의 무근거성을 통찰한 니체라면 절대 뻔하게 살지 않았을 거라고 생각했다. 그러나 니체를 공부하고 그를 알게 되면서, 나는 놀라지 않을 수 없었다! 사실 니체는 더없이 단조로운, "거의 군인 같은" 삶을 살았던 것이다. 잘 알려진 것처럼, 니체는 평생을 병과 함께했다. 그리고 병이 악화된 이후부터는 죽기 전까지 '좋은 날씨'를 찾아다니는 방랑생활을 했다. 이 시기 니체의 일주일을 영화로 재구성한다면 어떨까? 아마 〈패터슨〉 못지않은, 진정으로 '아무 일도 일어나지 않는' 영화가 탄생할 거다. 정해진 시간에 일어나 술과 자극적인 양념이 배제된 가벼운 식사를 하고, 인사를 수고받는 상대 하나 없는 조용한 산책을 다녀오고, 드물게 책을 읽고 방문하는 친구들과 대화를 나누며, 병이 허락하는 동안 글을 쓰는 삶. 패터슨과 니체. 그들의 특별할 것 없는, 그래서 더욱 찬란해 보이는 자유로움. 무미건조한 삶 속에 스며들어 있는 권태를 허용하지 않는 뜨거움. 그들은 내 환상에 균열을 만들어 내고 있었다.

'매일매일'의 시(詩)와 철학

그대에게는 무엇이 매일매일의 역사인가? 그것을 구성하는 그대의 습관을 돌아보라! 그것은 무수히 많은 사소한 비겁과 나태의 산물인가, 아니면 용기와 창조적 이성의 산물인가?(니체, 『즐거운 학문』 308절, 니체전집 12, 안성찬·홍사현 옮김, 책세상, 2005, 284쪽)

따지고 보면 우리는 '매일매일'을 살아갈 뿐이다. 전체로 주어진 '운명'이나 '인생'이라는 그림의 퍼즐조각을 채워 나가는 것이 아니라, 패치워크처럼 미결정적인 삶을 실현해 가는 중에 있다. '매일매일'과 더불어 역사가 구성되는 것이지 역사가 일방적으로 '매일매일'을 규정하는 것이 아니다. 철학자들과 예술가들의 삶을 동경하는 동안 내가 놓쳤던 것이 바로 이 매일매일이 아니었나 싶다. 내가 마음을 빼앗겼던, 그들의 독특한 색깔은 사실 그들이 살아낸 '매일매일'과 더불어 형성된 것이 아니겠는가. '위대한 삶'이나 '자유로운 삶'이란 것도 결국 그 매일매일들이 구성해 내는 선율에 다름 아닌 것이다.

니체는 묻는다. 당신의 매일매일의 역사가 "무수히 많은 사소한 비겁과 나태의 산물"인지, "용기와 창조적 이성의 산물"인지를. 우리의 삶이 비겁과 나태의 산물이 되지 않게 하기 위하여 그저 열심히 사는 것으로 충분할까? 주위를 둘러보면 알아서들 너무나 '열심히' 살고 있다. 열심히 공부하고 열심히 취직하고 열심히 일하고, 동시에 열심히 놀고 열심히 소비하고 열심히 연애까지 한다. 그런데 어쩐지 이러한 '열심히'에서는 '뜨거움'이 느껴지지 않는다. 그것은, 모두가 똑같이 '열심'으로 동일한 것을 갈망하기 때문일 거다. '그럴 듯한' 삶을 위한 조건들을 충족시킴으로써 스스로에 대한 긍정을 주워섬기기 위해 우리는 '열심히' 반응적인 힘을 발휘한다. 누가 시키지도 않았는데 자발적이고 강박적으로 '노오력'한다. '주어진 현실'에 대한 복종이 전제되어 있기 때문에 이러한 노력은 우리를 더욱 노예적으로 만들 뿐이다. 이것이야말로 사실은 '능동성'의 외피를 쓴 비겁과 나태에 다름 아니다.

그렇다. 니체와 패터슨도 '열심히' 살았다. 아픈 니체보다 더 열심히 공부할 수 없을 거라는, 직장인 패터슨보다 더 열심히 글을 쓸 수 없을 거라는 생각이 들 만큼. 그런데 그들의 '열심히'는 전혀 다른 느낌이다. 니체는 자신이 들이마시는 공기, 매일 먹는 음식, 신체 상태, 다른 철학자들의 사상, 잠시 머문 도시… 간단히 말해 그를 둘러싼 모든 것들에 대해 그 자신만의 느낌을 만들어 냈다. 니체의 '열심히'는 주어진 과제를 성실히 수행하는 것이 아니라 오히려 힌순긴도 '주어진 것'이나 '낭연한 것'으로서 흘려 보내지 않는 태도였다.

　패터슨은 매일 같은 시간에 일어나 같은 일과를 되풀이한다. 매일 정해진 코스를 운전하는 것은 얼마나 지겨운 일일까? 그럼에도 불구하고 패터슨이 권태로워 보이지 않았던 것은, 그가 그 공간들을 매번 다르게 감각했기 때문이리라. 우리의 온갖 이벤트들로 가득한 나날들이 소셜 미디어의 피드 속에서 명멸하는 몇 장의 사진들로 요약되는 반면, 패터슨의 단조로운 일과는 그가 쓰는 시와 더불어 변주된다. "용기와 창조적 이성의 산물"인 매일매일이란 바로 이런 것이 아닐까. 그것은 '새로운' 무언가가 나를 찾아오기를 무기력하게 기다리거나 방구석에 처박혀 낯선 세계를 꿈꾸는 일과는 무관하다. 창조적 이성이란 매번 마주치는 것들과의 관계 속에서 스스로를 변이해 낼 수 있는 역량을 말한다. 내가 니체와 패터슨에게서 느낀 '뜨거움'의 정체는 바로 이것이다. 니체와 패터슨은 매번의 마주침 속에서 '변이'하는 역량을 통해, 즉 신체와 정신의 고집스러운 습관을 벗어나 다르게 느끼고 생각하는 힘을 발휘함으로써 '매일매일의 역사'를 구성하고 있었던 것이다.

패터슨은 지금껏 자신이 써 온 모든 시가 담긴 공책이 갈가리 물어 뜯겨도 잠시 동요될 뿐 다시 '빈 노트'에 시를 쓰기 시작한다. 니체는 차라리 죽는 게 편할 듯한 고통 속에서도 병을 저주하는 대신 병과 함께 사유했다. 이들의 '특별함'은 바로 여기, 이 '항상성'에 있었다. 어떤 파도가 와도 그 파도를 '탈' 수 있는 유연함. 쉽게 절망하거나 희망하지 않는, 가볍게 기뻐하거나 슬퍼하지 않는, 칭찬이나 비난에 휩쓸리지 않을 수 있는 유동적 중심성. 그들은 매일매일을 '빈 노트'에서 시작했던 것이다. 재능, 영감, 행운 같은 '주어진 무엇'이 아니라 '텅 빈 여백'으로부터. 비어 있기에 충만한 '매일매일'의 새로움으로부터.

니체는 말한다. "즉흥적인 삶"이란 실은 "가장 참을 수 없는 (……) 시베리아 유형(流刑)"(니체, 『즐거운 학문』 295절, 니체전집 12, 안성찬·홍사현 옮김, 책세상, 2005, 273쪽)에 다름 아니라고. 따지고 보면 그렇다. 그때그때 내키는 대로 살아가는 삶이란 외부로부터 작용하는 힘에 전적으로 좌우되는 어린아이나 죄수의 삶과 다름없다. 파도를 타기는커녕 매번의 조류에 이리저리 휩쓸리고 마는 무능력한 삶. 내가 바라마지 않던 '자유로운 삶'이 이토록 초라한 환상이었다니.

예술은 삶이다, 아니, 삶이야말로 예술이다

나는 예술은 '아무나' 하는 게 아니라고 생각했다. 특별한 것이라고. 그리고 거기에는 예술에 대한 찬미만이 아니라 평가절하 또한 동시에 작동하고 있었다. 몰이해에 바탕을 둔 동경이란 대개 그렇다. 특별한 무엇으로 예술을 특권화시키는 순간 그것은 비현실적이고, 추상적이고, 무용한 것이 되어 버렸던 것. 나는 예술이 형이상학적인 '아름다움'을 추구하는 작업이거나 자신들만이 이해할 수 있는 난해하고 추상적인 실험이라고 생각했다. 솔직히 지금도 그런 생각을 완전히 벗어나지는 못했다. 예술하는 친구의 전시회에 가거나 소위 '예술영화'로 분류되는 영화들을 볼 때, 나는 내가 도저히 이해하지 못할 것만 같은 세계를 마주하곤 '예술'에 대한 환상을 조금 더 단단하게 다진다.

그렇지만 니체를 읽고 또 연구실에서 이러저러한 세미나를 하고 강의를 들으며 예술에 대한 나의 편견을 확인하게 되었다. 나는 늘 결과물과의 관계에서만 예술을 생각해 왔다. 그림이나 조각, 사진, 영화, 음악… 내가 예술에 대해 생각했던 것은 온통 '특별한' 결과물들뿐이었다. 이때 감상자로서 내가 할 수 있는 것은? 그 작품에 표현된 것이 무엇인지를 추측하는 일뿐이다. 이 작품은 무엇을 재현하고 있는가, 얼마나 아름답게 표현했는가, 작가가 전달하려는 메시지는 무엇인가, 라는 방식의 뻔한 질문밖에는 던질 수 없게 되어 버리는 것이다. 혹시 이렇게 접근하는 동안 나는 예술 활동, 즉 작품으로 표현되기까지의 예술가들의 구체적인 시도와 실험을 놓치고 있었던 것이 아닐까?

니체는 우리가 예술가들에게서 배워야 한다고 말한다. 예술 작품으로부터가 아니라 다르게 보려는 예술가들의 시도로부터.

사물들에서 많은 것을 보지 않게 될 때까지, 그러면서도 그것들을 계속 보기 위하여 많은 것을 덧붙여 보아야만 하는 것에 이를 때까지,——사물들로부터 거리를 취하는 것, 또는 사물들을 측면에서 한 부분만 보는 것,——또는 사물들이 부분적으로 왜곡되고 원근법적으로만 투시되도록 세워 놓는 것,——또는 사물들을 색유리나 석양빛 속에서 바라보는 것, 또는 사물들에 반투명한 성질을 지닌 표면이나 피부를 입히는 것: 이 모든 것을 우리는 예술가들에게서 배워야 하며, 더 나아가 그 외의 것에 있어서는 그들보다 더 현명해야 한다. 왜냐하면 예술이 끝나고 삶이 시작되는 곳에서 그들의 교묘한 능력도 대개 끝나기 때문이다. 반면에 우리는 가장 사소하고, 가장 일상적인 것에서 시작하는 삶의 시인이 되기를 원한다.(니체, 『즐거운 학문』 299절, 니체전집 12, 안성찬·홍사현 옮김, 책세상, 2005, 276쪽)

예술이란 무엇일까? 보다 강도 높게 세계를 겪어 내기를 시도하는 일이 아닐까. 우리에게 인식이란 대개 어떤 낯선 것을 친숙한 것으로 소급시키는 일을 가리킨다. "모든 낯선 것, 익숙하지 않은 것, 의심스러운 것 안에서 우리를 더 이상 불안하게 하지 않는 어떤 것을 찾아내려는 의지"가 우리의 일상적 인식을 지배한다. 즉 우리는 모든 체험을 "우리가 그것에 익숙해져서 더 이상 경탄하지 않는 것, 우리의 일상, 우리가 그 안에 묶여 있는 규칙, 집에 있는 것처럼 편안하게 느끼는 모든 것"(니체, 『즐거운 학문』 355절, 343쪽)으로 환원해 버린다. 일상이 권태롭고 우리가 무기력한 것은 일상 때문이 아니라 우리의 인식에 내재한 공포심과 나태 때문이다. 예술은 '다르게 보기'를 시도함으로써 삶을 진부한 것으로 만들어 버리는 습관화된 인식과 싸운다. 주어진 방식으로 사물을 보지 않기 위해 그 것으로부터 다른 거리를 취하고, 측면에서 보고, 낯선 조명 속에서 보기를 시도하는 그 모든 실험의 과정들을 상상해 보라! 예술이 생산하는 것은 예술 작품이기 이전에 예술적인 관점이고, 예술적인 삶의 양식이다.

> 발로 쓰다. 나는 손으로만 쓰는 것은 아니다. 발도 항상 글 쓰는 사람과 함께하길 원한다. 내 발은 확고하고 자유롭고 용감하게 들판을, 종이 위를 달린다.(니체, 『즐거운 학문』「"농담, 간계 그리고 복수"」 52절, 니체전집 12, 안성찬·홍사현 옮김, 책세상, 2005, 56쪽)

니체는 발로 글을 쓴다고 했다. 손이나 머리로만이 아니라 무엇보다 발로. 니체의 철학은 그가 두 발로 걸어가는 이 세계 안의 것들, 즉 그가 만난 사람, 그가 걸었던 길, 그가 먹은 음식과 마신 공기들로 이루어져 있다. 그것들을 떠나서는 그의 철학도 없다. 니체는 한 번도 자신이 먹고 싸고 자고 분노하고 좌절하고 기뻐하는 구체적 일상, 즉 그가 발 딛고 있는 현재성 바깥에서 철학하지 않았다. 패터슨도 마찬가지다. 그는 매일 반복되는 일상 바깥에서 영감을 구하려 들지 않는다. 그가 겪은 매일매일이 그의 시를 이루는 전부다. 예술과 철학은 결국 누군가가 시도하고 실패하고 느끼고 좌절하는 일상의 산물이다. 일상의 한가운데서 자신의 경험에 고유한 리듬과 양식(樣式)을 부여하는 것이 바로 예술이고 철학인 것이다.

　나는 내가 재능이 없어서 예술을 할 수 없다고 생각했다. 그러나 이는 예술에 대한 더없이 편협한 전제로부터 비롯된 생각일 뿐이다. 익숙한 감각과 인식을 의심하는 지난한 훈련과 무관하게 하늘에서 뚝 떨어지는 예술이란 없다. 어떤 위대한 예술도 일상의 한 걸음으로부터 비롯된다. 재능이나 영감으로부터 '그냥' 솟아나는 예술은 없다. 그렇기 때문에 우리는 언제든 우리의 일상으로부터 예술을 시도할 수 있다. 가령, '예술적'으로 공부를 할 수는 없을까? 공부는 주어진 텍스트를 수동적으로 이해하는 일이 아니다. 무수히 많은 사람들이 읽은 텍스트를 내가 나의 현재성 속에서 '다시' 읽을 때 창조의 가능성이 열린다. 공부를 하다 보면 그런 순간들이 있다. 수백 수천 년 전의 텍스트로부터 지금 나의 문제를 비틀어 내고, 현재적 문제로부터 텍스트를 다르게 읽어 낼 때 공부는 더없이 '예술적'인 작업이 된다. '나'와 '현실'과 '텍스트'가 동시에 변이하는 예술적인 순간. 텍스트는 나의 재료고, 내가 구성해 내는 질문과 제기하는 문제는 나의 예술 작품이다. 나는 이제 예술이 끝나고 삶이 시작되는 곳에서, 가장 사소하고 가장 일상적인 것에서 시작하는, 더할 나위 없는 '예술가'이고 싶다.

6장 천재, 초인적으로 배우는 자들

나는 천재가 아니니까!

나는 호날두보다 메시가 좋다. 호날두가 초인적인 신체능력과 기술로 상대를 압도하는 느낌이라면, 메시는 필드를 어슬렁어슬렁 다니면서도 경기 전체를 손바닥 안에 놓고 노는 느낌이다. 메시는 플레이메이커인 동시에 스트라이커이고, 가장 창의적인 패스를 하는 선수이면서 골 결정력이 제일 높은 선수이기도 하다. 메시의 플레이를 보노라면, 그는 눈앞의 '적'들과 싸운다기보다는 효율적으로 공을 골대에 가져가기 위해서 동료와 적, 경기장을 모두 이용하고 있다는 것을 알게 된다. 메시의 골 영상을 한 번 찾아서 보라. (호날두와 달리) '우겨 넣는다'는 느낌이 드는 골은 하나도 없다. 메시는 다른 선수들과 같은 축구 '경기'를 하고 있지 않다. 다른 선수들이 상대팀을 꺾으려고 악을 쓰는 동안 메시는 경기 전체의 흐름 위에서 춤을 춘다.

　나는 천재들이 좋다. 메시 같은 '타고난' 천재들. 음악으로 치면 비틀즈가 그렇다. 이를 악물고 악조건을 극복해서 뜻을 이루는 짠내나는 성공스토리에는 별로 감화되지 않는다. 타고난 천재가 자신의 재능을 향유하는 모습을 지켜보는 게 훨씬 즐겁다. 메시에게는 '비장함'이 없다. 그저 이렇게 말할 뿐이다. "전 훈련하는 것, 플레이하는 것, 그리고 승리하는 것을 좋아해요. 어렸을 때부터 그랬죠." 솔직히 말해서, '나도 그런 천재들 중 하나였으면' 하고 망상하기도 한다. 내가 메시의 축구 재능이나 폴 매카트니의 음악적 재능을 갖고 있었더라면! 그러나 그런 재능은 내게 없다. 이 지점에서 나는 빠르게 단념한다. 그래, 나는 평범한 인간이야. 조용히 살다 가는 거지.

나는 감히 '천재가 되고 싶다'고 말하지 않는다. 메시나 매카트니 같은 천재들은 평범한 나와는 종(種)이 다르다. 그러니 그들처럼 되고자 꿈꾸는 것은 허망하다. 헛된 망상을 품지 말고 '있는 그대로의 나'를 긍정하자. 그런데 이는 사실 '긍정'이 아니라 체념 내지는 무시에 가깝다. 그렇게 될 수 없으면 그만이지 뭐…. 그러면서 나 자신이 '천재'는 아니더라도 '적당히' 똑똑하고 '적당히' 재능 있는 인간이라는 수세적(守勢的)인 허영심으로 어깨를 한번 으쓱해 본다. 이런 나의 허영심을 보호하려, 천재는 '되는' 게 아니라고, '타고나는' 거라고 집요하게 되뇌었던 것은 아닌지. 쟤들은 나와 '종'이 달라!

우리의 허영심과 자기애가 천재 예찬을 부추긴다. 왜냐하면 천재를 한낱 기적으로서 우리와는 아주 먼 존재라고 생각할 때만

천재가 우리의 감정을 상하게 하지 않기 때문이다.(니체, 『인간적인 너무나 인간적인 I』 162절, 니체전집 7, 김미기 옮김, 책세상, 2001, 179쪽)

니체는 천재 예찬의 핵심이 우리 범인들의 '찌질'한 허영심과 무력한 자기애에 있다고 보았다. 재능을 신격화하는 사람들은 그가 '그렇게 되어 간 과정'은 깡그리 무시하고, 그의 천부적인 재능이나 그에게 '계시처럼' 찾아온 듯한 영감만을 강조한다. 그렇게 해야 마음이 편하니까. 그들을 '우리와는 아주 먼 존재'로 만들어야 자신의 사소한 비겁과 나태가 모두 정당화되니까. 나도 니체가 비판한 천재 숭배자들과 별반 다르지 않았던 것 같다. 나는 천재를 은밀히 꿈꾸면서도 그들을 도저히 닿을 수 없는 존재로 간주했다. 도무지 그들처럼은 될 수 없을 거라는 이유로 지금 내가 하고 있고 할 수 있는 것들을 폄하했다. 아니, 사실은 나 자신을 보호하고 정당화했다. 내가 할 수 있는 것으로부터 나 자신을 분리시키는 논리. '천재'에 대한 환상과 '범인'이라는 자기규정. 이는 겸손도 현명함도 뭣도 아니다. 내 뒤틀린 허영심과 게으름이 만들어 낸 자기도피의 수단이었을 뿐.

'될 놈은 된다' : 쿨하지 못한 냉소주의

19세기 말, 니체는 신의 자리에 '천재'를 올려 놓은 인간들을 비판했다. 이들은 위대한 예술가와 철학자에게서 "은총의 빛처럼" 하늘에서 내려오는 재능과 영감만을 보려고 했다. 그들이 "권태를 모르는 위대한 노동자"이기도 하다는 사실은 애써 외면하면서. 니체가 보기에 당대의 천재 예찬은 위대해지려는 의지를 상실한, 더없이 '미적지근한' 자들의 예찬이었다. 미지근한 물에 몸 담그기 좋아하는, 자기 안에 안주하려는 자들의 허세. 이들은 천재를 신성시하면서 그들과 자기 자신 사이에 닿을 수 없는 거리를 수립하고, 그로부터 약자적 평온을 구성했다. 그렇게 천재를 우상화함으로써 무리 속으로 도피했다.

21세기 한국. 우리 시대에 예찬받는 '천재'가 있기는 한가? '천재' 대신 '될놈될'이라는 말이 있다. '될 놈은 된다'는 뜻이다. 될 놈은 정해져 있고, 단 그 될 놈은 내가 아니라는 것. 이는 '노오력' 하면 성공한다는 낡은 신화에 대한 냉소적인 안티테제다. 우리는 뛰어난 재능을 지닌 자들에게서 '신으로부터 부여받은 재능'이나 '은 총과도 같은 영감'을 발견하지 않는다. 대신에 '훌륭한 백그라운드'나 '빼어난 외모' 같은 우월한 초기 조건들을 발견한다. 뛰어난 예술가나 운동선수가 나타나면 그들의 '우월한 유전자(남다른 집안 내력)'나 '특별한 가정교육' 따위가 가장 먼저 가십거리가 된다. 그들이 '될 놈'이었음을 입증하는 지표들을 발견하고 우리는 안심하는 것이다. '그래, 저들은 출발점부터가 달랐어. 역시 될 놈은 정해져 있어.' 재능에 대한 경탄이 아니라 '넘사'인 조건에 대한 체념 섞인 인정.

'될 놈은 된다'는 말에서 느껴지는 것이 단념만은 아니다. 여기에는 일종의 원한이 작동하고 있다. 우리는 '될 놈'은 정해져 있다는 것이 바꿀 수 없는 현실임을 굳게 믿는다. '모두가 평등한 사회' 따위는 공허한 슬로건일 뿐이다. 그렇지만 '될 놈'들을, 그리고 내가 될 놈이 아니라는 사실을 도저히 '쿨하게' 인정할 수는 없는 것이다. 때문에 '단지 부모를 잘 만났을 뿐'이라는 식으로 그들을 깎아내리지 않고는 견딜 수가 없다. '될 놈은 된다'라는 냉소에는 사실 '될 놈들'에 대한 무력한 증오심이 담겨 있다. '어차피 우승은 송민호'라는 식의, 비열하게 상대의 힘을 무력화하는 비난. 21세기 대한민국은 '될 놈'들을 질투하고 증오하는, '안 될 놈'들의 세상이다. 더 이상 모두의 경탄을 자아내는 천재는 없고, 불공평한 세상과 '가진 것 없는' 자기 자신에 화가 난 루저들만이 넘쳐난다.

희한하다. 히어로무비는 제2의 전성기를 구가하고 있고, 아이돌 팬덤 문화는 이제 하나의 사회현상이다. 우리는 '영웅', '천재', '우상'(아이돌)을 너무나 사랑한다. 그러나 이와 동시에 '될 놈'에 대한 증오와 질시가 만연해 있다. 이 역설을 어떻게 설명해야 할까?

우리는 더 이상 '천재'를 믿지 않는다. 19세기 유럽의 민중들처럼 천재들에게서 '신적인' 무엇을 발견하지 않는다. 대신에 능력 있는 자들이 '소유한' 것들에 우리의 정념과 환상을 투시한다. 그의 배경, 외모, 일상… 그가 가진 것을 나도 가질 수 있다면! 그런 조건만 주어진다면 나라고 너만 못할쏘냐! 그런 점에서 '어벤저스'를 만든 마블 스튜디오의 히어로무비는 우리 입맛에 딱 맞는다. 마블은 인류의 운명을 홀로 짊어진 메시아(슈퍼맨)나 '정의란 무엇인가?' 따위의 실존적 문제로 고뇌하는 반(反)영웅(배트맨)의 모습을 그리지 않는다. 대신에 '쿨'하고 유쾌한, 우리가 쉽게 이입할 수 있는 다종다양한 캐릭터들을 제공한다. 그들이 누구와, 무엇을 위해 싸우는지는 중요하지 않다. 무엇을 고민하고 어떤 자들과 함께 싸우는지도 관심의 대상이 아니다. 오로지 그들이 소유한 것들에 우리의 환상을 투사할 뿐이다. 초능력, 재산, 매력적인 외모, 닳지 않는 자신감… 우리가 그토록 갖고 싶어 하는 것들.

19세기의 민중들이 예찬한 천재와 21세기의 우리가 시기하는 '될 놈'은 달라도 너무나 다르다. 천재는 없다. 우리는 '신적인 존재'로서의 천재를 믿지 않는다. 그렇다고 자신이 '평범'하다는 사실에 평온함을 느끼지도 않는다. 우리는 천재의 자리에 '될 놈'을 세웠다. 신적인 재능 대신에 훌륭한 백그라운드를 지닌 '금수저'들을. 그리고 우리는 그들에게 경탄하거나 경외감을 느끼는 대신 입을 삐죽거리며 그들을 질투한다. '네가 특별한 건 네가 가진 것들 때문이야'라는 약간의 경멸을 섞어서. 그리고 될 놈들에 대한 질투 섞인 선망은 이내 냉소와 패배감, 자기비하로 되돌려진다. 기이한 숙명론이다. '금수저'들을 증오하고 '헬조선'을 탓하는 관념과 언어의 과격성은 아이러니하게도 현실에 대한 숙명주의적 순응으로 드러난다. 천재란 '타고나는' 것이 전부라고 믿고 있던 나, 그들의 특별한 삶에 대한 막연한 환상을 품고 있던 나. 그런 나 역시 내 나름의 방식으로 '될놈될' 담론을 반복 재생산하고 있었는지도 모르겠다.

생각해 보면 좀 우습기도 하다. '될놈될'을 외치는 사람들은 종종 사회구조적 문제를 들먹여 가며 짐짓 진지한 얼굴로 현실을 진단한다. '양극화'니 '헬조선'이니 'n포세대'니 하면서 말이다.

그런데 왜 그 모든 말들에서는 반동적인 힘만 느껴지는 걸까? 원한, 냉소, 체념, 자기비하만이 감지되는 걸까? 어른스러운 척해 봤자 결국 문제는 게으름이다. 숙명론과 게으름은 늘 짝지어 다닌다. '될 놈'이 되고자 노력하자니 허들이 너무 높아 보이고, 그렇다고 '될 놈/안 될 놈'의 구도를 깨고 새로운 가치를 입법하기에는 '될 놈'의 삶에 스스로 투사한 환상의 무게가 너무나 무거운 것이다. '될놈될' 담론은 무엇도 파괴/생산하지 못한다. 그것은 이러지도 저러지도 못하는, 이러기도 저러기도 싫은 자들이 만들어 낸 옹색한 변명에 지나지 않는다. 어린애 같은 투정에 다름 아니다. 악취가 난다.

천재는 있다, 저기가 아닌 여기에

니체는 '천재'란 없다고 말한다. 천재성에 덧씌워진 모든 환상은 과정이 아니라 결과만을, 생성 중인 것이 아니라 완성된 것만을 보려는 자들의 무지와 나태의 산물이다. 천재들의 비범한 작품, 남다른 성과, 위대한 업적으로부터 출발해서 거기에 걸맞은 '특별한' 무엇인가를 그들로부터 발견하려 드는 것이다. 분명 비범한 사람들은 존재한다. 그러나 그들을 비범한 존재로 만들어 주는 것은 천부적인 재능도, 그가 가지고 태어난 우월한 초기 조건도 아니다. 니체에 따르면, 진정한 의미의 천재란 "자신의 사고를 한 방향으로 활용하거나 모든 것을 소재로 이용하고, 자신과 다른 사람의 내적인 삶을 진지하게 관찰하며 여기저기에서 모범과 자극이 되는 것을 찾아내어 그것들을 자기의 수단으로 짜 맞추기를 게을리하지 않는 사람"(니체, 『인간적인 너무나 인간적인 Ⅰ』162절, 니체전집 7, 김미기 옮김, 책세상, 2001, 180쪽)이다. 그런 천재가 우리와 다른 것은 그가 우리와 완전히 다른 열정과 관심을 지녔다는 데 있다. 천재는 우리가 온갖 곳에 쏟는 관심과 에너지를 자신의 일에 온전히 투자한다. 메시에게서 느껴지는 비범한 아우라의 정체도 바로 이 점에 있는 게 아닐까? (호날두나 네이마르와 달리) 그에게서는 별다른 '야망'이 느껴지지 않는다. 그는, 그 자신이 말한 그대로, 훈련하고 플레이하고 승리하는 것밖에는 모르는 사람처럼 보인다. 축구가 노동이자 유희이고 삶 자체인. 그에게서는 자기가 하고 있는 일 안에서 온전히 만족을 향유하는 사람 특유의 천진함 같은 것이 느껴진다. 아, 메시!

요컨대, 천재와 범인을 가르는 것은 바로 삶의 태도다. 사실 재능이 있는 사람들은 어디에나 넘쳐난다. 한두 시즌 정도 굉장한 퍼포먼스를 보여 주는 선수들은 많다. 그들과 메시를 구분해 주는 것은 '꾸준함'이다. 꾸준하다는 건 권태를 모른다는 것이다. 재능에만 의존하지 않고, 자신의 업적에 만족하지 않고, 끊임없이 변신하고 시도한다는 것이다. 데뷔 초 작고 빠르고 센스 있는 드리블러였던 메시는 피지컬을 갖춘 골 게터로 변신했고, 또 신체능력이 저하되고 있는 요즘에는 간결한 드리블과 창의적인 패스능력을 갖춘 플레이메이커로 변신하고 있다.

요컨대, 천재는 단순히 '주어진 것'을 열심히 수행하는 사람이 아니다. 주어진 것에서 출발하는 자는 권태에 빠질 수밖에 없다. 천재는 주어진 것 안에서 훌륭한 결과를 만들어 내는 자가 아니라, 주어진 관점과 싸우고 주어진 방식을 거부하면서 자기만의 방식대로 실패하는 자다. 남들보다 더 좋은 결과를 만들어 내는 자가 아니라, 자신의 역량을 온전히 발휘하기 위해 다수적 코드와 싸우는 자다. 그런 의미에서 천재란 '선택받은' 존재가 아니다. 오히려 끊임없이 스스로를 극복하고, 자신이 습득하고 있는 주어진 가치니 관점을 가볍게 어기고, 예측하지 못한 자기 자신으로 변신을 거듭하는 자, 주어진 것을 넘어가는 자다. 니체적 천재는 슈퍼맨(superman)이 아니라 위버멘쉬(Übermensch), 즉 자기를 극복하는 자다.

나는 천재를 늘 평범의 반대편에 놓고 생각했다. 나보다 글을 잘 쓰고 공부를 잘 하고 그림을 잘 그리는 사람들이 저편에 있지 않은가. 그러니 나는 한없이 평범해지리라. 그런데 이러한 나눔의 방식에는, 나보다 못한 이들과의 비교 속에서 억지로 나 자신을 긍정하려는 허영심이 작동하고 있었다. 내가 범인(凡人)이라면, 그것은 이런 방식으로밖에는 나의 힘에 대한 긍정에 이를 수 없기 때문이다. 그러나 천재들의 고귀함과 숭고함은 그들이 만들이 내는 결과물에 있지 않다. 그들이 힘을 발휘하는 것은 어떤 목적을 달성하기 위함이 아니고, 그들이 노력하는 것은 결과를 만들어 내기 위함이 아니며, 자신을 긍정하는 것은 다른 이들과의 경쟁 속에서가 아니다. 배우고 훈련하고 시도하는 것 자체가 그들의 기쁨이다.

트로이의 왕자 헥토르를 보라. 그는 자신보다 월등히 뛰어난 아킬레우스와의 전투를 회피하지 않는다. 헥토르에게 있어 자신이 아킬레우스보다 열등하다는 사실은 자신의 힘을 온전히 발휘하지 못할 이유가 되지 않는다. 헥토르는 오로지 헥토르의 방식으로만 싸울 수 있기 때문이다. 자신의 역량, 자신의 존재에 대한 절대적인 긍정. 그런 점에서 아킬레우스가 천재라면, 헥토르 또한 천재다. 아킬레우스와 헥토르의 천재성은 그들이 역량을 펼치는 모습에서 보여 주는 '고귀함'으로 드러난다. 범인(凡人)이 범인인 것은 지금 자신의 힘에 온전히 집중하지 못하기 때문이 아닐까. 내가 하고 있는 것과 나 자신을 일치시킬 수 없기 때문이 아닐까. 천재는 누구도 할 수 없는 일을 해내는 자가 아니라 '자신이 할 수 있는 것의 끝까지 가는' 자다.

고귀하도다, 배우는 자들이여

배움. ——미켈란젤로는 라파엘로에게서 연구를 보았고, 자신에게서는 자연적인 본성을 보았다. 그리고 라파엘로에게서는 배움을, 자신에게서는 천부적인 재능을 보았다. 그러나 위대하지만 옹졸한 자[미켈란젤로]에게 전적으로 경의를 표하며 말하는데, 그것은 옹졸한 견해다. 도대체 천부적인 재능이란 우리의 선조 혹은 훨씬 더 이전의 단계들에서 배움, 경험, 연습, 동화, 섭취의 더욱 오래된 부분을 가리키는 것 이외에 무엇이겠는가! 그리고 또한 배우는 사람은 자기 자신에게 재능을 부여하는 것이다. 다만 배우는 것은 그렇게 쉬운 것이 아니며 단지 선한 의지의 문제만이 아니다. 사람들은 배울 수 있어야 한다. 흔히 예술가의 경우에는 시기심, 혹은 낯선 것을 느낄 때 곧 자신의 가시를 세우면서 자신도 모르게, 배우려는 자세 대신 방어 자세를 취하게 하는 자존심이 그러한 배움에 저항한다. 라파엘로는 괴테와 마찬가지로 시기심도 자존심도 없었다. 이 때문에 그는 위대한 학습자였으며, 선조들의 역사의 체에 의해 깨끗하게 걸러진 저 광맥의 단순한 착취자가 아니었다. 배우는 자로서 라파엘로는 그의 위대한 경쟁자가 자신의 '자연적인 본성'이라고 지칭했던 것을 동화시키는 동안 우리 눈앞에서 사라진다. 가장 고귀한 도둑이라 할 수 있는 라파엘로는 매일 그러한 자연적인 본성 중 일부를 가져갔다.(니체, 「아침놀」 540절, 니체전집 10, 박찬국 옮김, 책세상, 2004, 395쪽)

니체에 따르면, '천부적인 재능'과 '배움'을 대립적인 것으로 간주한 미켈란젤로의 견해는 옹졸하다. '재능'이란 선행된 배움, 경험, 연습, 동화, 섭취의 결과물에 다름 아니기 때문이다. 따라서 재능과 자기 자신을 동일시하는 것은 부모로부터 물려받은 재산을 가지고 잘난 척하는 것만큼이나 지질한 짓이다. 나 역시 그렇게 옹졸하고 지질했다. 재능이란, 우리가 '소유'하고 있는 고유한 힘이 아니라 배움을 통해 생산되는 동시에 펼쳐지는 현행적인 역량이다. 달리 말해, 배움이란 끊임없이 재능을 구성해 가는 과정이다. 아직 다듬어지지 않은 낯선 힘들을 능동적으로 자기화하는 일이다. 비유컨대, 배움이란 광맥을 파헤쳐 가며 원석을 골라내고 다듬는 지난(至難)한 과정인 것이지, 누군가가 잘 다듬어 놓은 보석을 착취하는 일이 아닌 것이다. 때문에 '위대한 학습자'는 고난을 마다하지 않으며, 지난한 시간을 기꺼이 견딘다. 그는 자신의 재능을 타인과 비교하거나 '나'라는 규정에 얽매여 자신의 영토를 고수하는 대신, 매일 자연으로부터 무언가를 훔쳐 냄으로써 자신을 자연 자체로 만들어 나간다. 그런 점에서 '위대한 학습자'는 시기심과 자존심이 없는 자인 것이다.

나에게 결여되어 있는 것은 천부적 재능이 아니라 '배움의 역량'이다. '될놈될'이라는 진부한 명제에 사로잡혀 있는 우리는 모든 곳에서 '주어진 것'만을 재발견하면서 배움의 기회, 즉 변신의 기회를 걷어차고 있었던 것은 아닐까? 나는 늘 나 자신을 중간 정도에 위치시키기를 좋아했다. '이 정도면 봐줄 만하다'는 수동적 긍정을 되풀이하면서. 그러나 이는 단지 더 이상 배우지 않겠다는, 나를 고수하겠다는 오만과 무능력의 표현은 아니었을까?

메시에게서 느껴지는 묘한 겸허함——'이것으로 충분하다'는. 그의 '고귀한 겸허'는 완성된 자기 자신에 머무르려 하지 않는 담담한 열정이 빚어 낸 조형물이 아닐까. 여기에는 '이 정도면'이라는 상대적 긍정이 들어설 자리가 없다. 메시는 뻔하고 지루하다고 생각하는 것들에서 매번 새롭게 배우고 있는 것이다. 그렇게 그는 축구를 잘하는 자에서 축구를 사는 자가 되어 가고 있다(고 믿는다). 아, 나도 메시처럼 글을 쓸 수 있을까. 그처럼 화려하게가 아니라 그와 같이 겸허하게.

7장 적, 내 미지의 친구들

밀실 속의 환상

군 입대 첫날이 떠오른다. 흐릿한 기억들 가운데 유독 내 뇌리에 강하게 남아 있는 장면은, 처음으로 낯선 남자애들 20여 명과 같은 생활관에 남겨지게 되었을 때다. 짧은 몇 분의 정적이 흐르고, 다른 이들은 모두 행동을 개시했다. 서먹하고 적대적인 공기를 불식시키고 옆 자리에 뚱한 표정으로 앉아 있는 익명의 빡빡머리들을 자기편으로 만들기 위해 모두들 본능적으로 열심히 입을 놀려댔다. "이름이 뭐예요?", "어디 살아요?", "학교는 어디 다녀요?" 보충대에 머무는 고작 사흘 동안 볼 사람들끼리 뭐 그렇게 알아야 할 게 많았을까?

내 눈에 그들의 행동은 낯선 곳에 떨어져 낯선 이들에 둘러싸인 상황을 견디지 못해 어떻게든 의지할 상대를 구하고자 하는 발버둥처럼 보였다. 그들과 달리, 나는 억지로 친구를 만들고 그들에 맞춰 행동해야 하는 불편을 감수하느니 그냥 사흘을 외톨이로 지내는 쪽을 택했다. 나는 인간관계에 그다지 필사적이지 않다. 마음 맞는 사람이 없다면 혼자 있어도 괜찮다는 생각이 전제되어 있다. 아니, 괜찮은 정도가 아니라 혼자 있는 걸 좋아한다. 그 때문인지 독립적이라거나 자존감이 강해 보인다는 말을 종종 듣기도 한다.

친구관계라고 다르겠는가. 나는 언제나 자연스레 내 곁에 오는 이들과 친구가 되었고, 그들과의 편안한 관계에 만족했다. 친구들과 있는 시간이 좋다. 그들과 나누는 실없는 대화가 좋고, 그들과 흘려보내는 시간도 아깝지 않다. 그러나 딱 그 정도다. '우정'이니 '의리'니 거창하게 의미부여하고 싶은 생각은 없다.

아이러니한 것은, 이처럼 모든 관계에 심드렁한 내가 실은 '우정'에 대해 장대한 환상을 품어 왔다는 사실이다. 환상의 주된 출처는 일본 소년만화들, 그 중에서도 10대 시절의 나를 온통 사로잡은 것은 『원피스』다. 이 만화는 내게 일종의 '우정 포르노'였다. 만화는 주인공 루피와 일당들에게 매번 전보다 큰 시련을 안겨준다. 그리고 위기를 극복하는 과정에서 일당들의 우정은 점점 더 극적인 방식으로 재확인된다. 숨겨진 과거, 치명적인 오해, 도저히 이길 수 없는 적과의 처절한 전투. 이는 '밀짚모자 일당'의 우정을 '재창출'하기 위해 반복적으로 이용되는 장치들이다. 적당히 익숙한 관계에 안주하는 내게 일당들이 피를 철철 흘리며 증명해 내는 우정을 훔쳐보는 일이란 짜릿한 대리만족을 선사했다. 그러니까 '친구' 혹은 '우정'에 관해서 내 안에는 모순적인 두 측면이 공존하고 있었던 것이다. 무신경한 태도와 무표정한 얼굴을 아래 감춰진 은밀한 환상.

'동경'이라는 장막 뒤의 비겁함

『원피스』의 '뜨거운 우정'을 동경했던 10대 이후로도 우정에 대한
환상은 사라지지 않았다. 나만 허영심이 좀 첨가되었달까. 공부를
시작할 즈음부터는 지적으로 강한 자극을 줄 수 있는 또래 친구를
갈망했다. 그렇지만 무모하게 『원피스』식의 저돌적인 '동료 구하
기'를 흉내 내면서 그런 친구를 적극적으로 찾으려고 시도하지는
않았다. 그런 관계는 현실에 없다고, 있다고 치더라도 나로서는 감
당할 수 없으리라고 미리 결론짓고 있었기 때문이다. 현실 속 친구
들과의 관계가 지닌 한계는 명백했다. 이들과 나눌 수 있는 것과
나눌 수 없는 것은 너무 분명해서, 그 선을 넘으려고 무리하기보다
는 익숙한 경계 안에 머무는 쪽을 택했다.

　　니체는 "벗에 대한 우리의 동경은 우리 자신을 드러내 주는
누설자"(니체, 『차라투스트라는 이렇게 말했다』 니체전집 13, 정동호 옮김, 책세상, 2000, 92쪽)
라고 했다. 그렇다면 이상적 우정에 대한 관념적 동경과 현실 관계
에의 안주라는 나의 모순이 누설하고 있는 것은 무엇인가?

　　여태껏 나는 관계를 수동적인 방식으로만 생각해 왔던 것 같
다. 내게 '친구'와 '우정'이란 늘 내게로 다가오거나 다가오지 않는
상대에 달린 문제였다. 나는 친구를 기대했지만, 그런 친구를 만나
기 위한 어떤 시도도 하지 않았다. 은연중에 나 자신이 관계 속에

서 주체적이라고 생각했지만, 따지고 보면 모든 관계의 주도권을 상대에게 넘기고 있었던 것이다. '아쉬울 것 없다'는 태도를 취하면서, 실은 수동적으로 주어진 관계에 안주하고 있었다. '나는 나와 관계 맺고 있는 이들에게 어떤 자극인가?', '나는 어떻게 타인과 관계 맺고 싶은가?' 한 번도 이런 방식으로는 질문해 본 적이 없다. 늘 현실을 그대로 수긍하는 제스처를 취했지만, 한 번도 온전히 현실에 있지 않았다. '내가 지금 맺고 있는 관계'에 대해 파고들어 질문하기를 회피했던 것이다.

관계에 대한 비겁함과 관념적 동경, 이 상반되어 보이는 두 모습은 관계의 패턴을 바꾸지 않으려는 나의 한결같은 나태함의 동일한 표현이었다. 현실 '너머'의 것을 상상하고, '우정 포르노'에 탐닉하는 나의 모습은 '지금 이 관계' 속에서의 내 무력함을 누설한다. 나는 나를 규정하고 있는 관계에 나를 온전히 내어주지 않으려 했다. 지금 이 관계가 전부라면 죽이 되든 밥이 되든 여기서 무언가를 시도하고 실험해야 하는데, 난 그것을 거부하고 있었다. 아니, 어쩌면 두려워하고 있었는지도 모르겠다.

가장 가까이의, 더없이 먼 이들

형제들이여, 나 너희에게 이웃에 대한 사랑을 권하지 않노라. 나 너희에게 더없이 먼 곳에 있는 사람들에 대한 사랑을 권하노라.(니체, 『차라투스트라는 이렇게 말했다』 102쪽)

나 역시 '더없이 먼 곳에 있는 사람들'을 사랑한다고 생각했다. 그러나 내가 사랑한 '더없이 먼 곳에 있는 사람들'이란 현실에서의 게으름을 정당화하는 핑계 같은 것이었다. 때문에 나의 시선이 '더없이 먼 곳에 있는 사람들'을 향할수록 역설적이게도 나는 계속해서 '이웃들'만을 가질 뿐이었다.

'이웃'이란 나와 같은 것들을 주고받는 관계에 있는 이들이다. 익숙하고 일정한 거리에 있기 때문에 다양한 거리를 형성할 수 없는 이들. 반면, '더없이 먼 곳에 있는 사람들'이란 무언가를 주고받을 수 있는 공통적인 기반조차 형성되어 있지 않은 자들을 말한다. 다양한 거리를 주파하며 불편한 감각을 유발하고, 익숙한 거리들을 재조정할 것을 요구하는 이들이 '더없이 먼 곳에 있는 사람들'이다.

'먼 존재들'에 대한 '환상'으로는 1센티미터의 거리도 변화시킬 수 없다. '먼 존재들'은 먼 존재들대로, '이웃들'은 이웃들대로, 또 나는 나대로 각자의 위치를 고수할 뿐이다. '더없이 먼 곳에 있는 사람들'을 사랑한다는 것은 불쾌한 마찰을 일으킬 정도로 '더없이 가까이' 갈 때 시작되는 것이다. 따라서 익숙한 거리가 무화될 정도로 '더없이 가까이' 가기 위해서는 먼저 '더없이 먼 곳에 있는 사람들'에 대해 내가 품었던 관념적 동경을 버려야 한다.

지금 나는 연구실에서 내가 이전에 가지고 있던 '친구'라는 규정성에 도저히 끼워 맞춰지지 않는 사람들과 대부분의 시간을 함께 하고 있다. 나이도, 성향도, 관심사도 제각각인, 나와는 너무나 다른 사람들. 이전에 내가 친구들과 관계 맺던 방식은 이들과의 관계에는 들어맞지 않는다. 그리고 나는 여전히 지금 '이 관계' 바깥에서 친구를 찾고 있다. 아직 나는 밀실에서 뛰쳐나가지 못하고 있는 것인지도 모르겠다. 이래서야 이전에 내가 관계에 갇혀 온 방식을 답습하게 될 뿐이다.

적, 나의 미지의 친구들

"친구들이여, 친구라는 것은 존재하지 않는다!" 죽어가는 현자가 이렇게 외쳤다.
"적이여. 적이라는 것은 존재하지 않는다!"──살아 있는 어리석은 자, 나는 외친다.

(니체, 『인간적인 너무나 인간적인 I』 376절, 니체전집 7, 김미기 옮김, 책세상, 2001, 319쪽)

'친구'란, '우정'이란 무엇인가? 내게 친구란 익숙함과 편안함을 느끼게 하는 존재였다. 몇 년 만에 만나도 예전과 같은 친숙함을 느낄 수 있는 관계. 그런 것이 우정이라고 생각했다. 친구에게서 공통적인 것에 기반한 유대감을 구했던 것이다. 그래서 나는 늘나와 비슷한 이들과 친구가 되었다. 비슷한 나이에, 비슷한 경험을 공유하고 있고, 비슷한 생각을 갖고 있는 누군가와. 그러니 실은 언제나 나 자신과만 사귀고 있었던 셈이다. 동일자의 우정. 그러나이 '동일성'이야말로 환상이 아니라면 대체 무엇이란 말인가. 우리의 신체와 정신이 차이들의 복합체이기에 우리가 세계를 경험하고 느끼는 방식은 동일할 수가 없다. 때문에 '동일자'의 우정이란 오류와 착각에 불과하다. 즉, 동일자로서의 친구란, 사실 친구가 아니다. 동일성에 기반한 우정에서 서로의 차이란 배제해야 할 우정에 대한 위협으로, 서로를 불편하게 하지 않는 상대적 차이로 무시된다.

그렇다면 늘 자신과만 사귀어 왔던 나는 이제 누구와 친구가 될 수 있을까? 친구란 것은 없다고 말해야 할까? 아니다. 그것은 죽어가는 현자의 가르침일 뿐이다. "살아 있는 어리석은 자" 니체는 "적들"에게 외친다. 적이라는 것은 존재하지 않는다고. 니체에게는 적이야말로 친구다. 우리의 규정성 바깥에 있고, 나와의 동일시가 불가능한, 그리하여 항상 미지의 것으로 드러나는, 우리를 두려워하게 하는 적. 그가 바로 친구다. 『원피스』에서 루피 일당의 모험이 이루어지는 곳은 바다다. 정해진 길이 없는 망망대해에서 일당들이 마주치는 모든 이들은 적이다. 이들은 매번 적과 마주치고 싸우고 친구가 된다. '밀짚모자 일당'의 '우정'과 '모험'은 적과의 조우, 다시 말해 새로운 친구를 찾고 기존의 관계를 변환시키는 과정을 통해서만 유지된다. 밀짚모자 일당의 '잡다한' 면면들을 보라. 출신, 외모, 목표, 심지어는 종(種)마저도 초월한 하이브리드 우정 공동체.

우정이란 매번 타자에 자신을 여는 일을, 즉 친구가 될지 모르는 미지의 적과의 마주침을 수반한다. 적이란 '아직 오지 않은' 나의 친구다. 부디 나의 우정이 위험천만한 모험이기를. 자, 넌 이제 누구와 친구가 되고 싶으냐.

8장 여행, 두 발로 생각하기

여행이라고 다 같은 여행이 아니다

사람들은 여행자를 다섯 등급으로 구분한다: 가장 낮은 등급의
여행자는 여행하면서 오히려 관찰당하는 사람들이다.——그들
은 여행의 대상이 되는 사람들이며 동시에 눈먼 사람들이다; 다
음 등급의 여행자는 실제로 스스로 세상을 관찰하는 사람들이
다; 세번째 등급의 여행자는 관찰한 결과에서 그 무엇을 체험하
는 사람들이다; 그 다음 등급의 여행자는 체험한 것을 자신 속
에 가지고 살며 그것을 지속적으로 지니고 있다; 끝으로 최고의
능력을 가진 몇몇 사람도 있다. 그들은 자신이 관찰한 모든 것
을 체험하고 동화하고 난 뒤, 집으로 돌아오자마자 곧 그것을 여
러 가지 행위와 작업 속에서 기필코 다시 되살려 나가야만 하는
사람들이다.—— 이 다섯 부류의 여행자는 대체로 모든 사람들이
통과하는 삶의 전 여행편력이기도 하다. 가장 낮은 등급의 여행

자는 순전히 수동적인 사람들이고, 가장 높은 등급의 여행자는 남겨져 있는 내면적 과정들을 아낌없이 발휘해 나가는 사람들이다.(니체, 『인간적인 너무나 인간적인 II』 「혼합된 의견과 잠언들」 228절, 니체전집 8, 김미기 옮김, 책세상, 2002, 149~150쪽)

니체에 따르면 세상에는 다섯 등급의 여행자가 있다. 가장 낮은 등급의 여행자들은 우리가 갖고 있는 '관광객'의 표상에 그대로 부합하는 자들이다. 정해진 코스를 따라다니며 모두가 보는 것을 똑같이 보고 모두가 느끼는 것을 똑같이 느끼는, 아니 사실은 그 무엇도 '느끼지' 못하는 여행지의 배경과 같은 존재들. 두번째 부류는 여행지를 '관찰'한다. 이들은 보아야 할 것과 느껴야 할 것을 그대로 보고 느끼는 대신, 주관적 방식으로 공간을 경험한다. 여기까지는 여행의 하수다. 세번째와 네번째 등급의 여행자는 관찰에 그치지 않고 그것을 체험으로 전환한다. 즉 관찰을 통해 스스로를 변형시킨다. 이들이 여행을 마치고 집으로 돌아왔을 때 모든 것은 이전과 다른 방식으로 감각된다. 8개월간의 남미 횡단 여행을 마쳤을 때, 더 이상 순수하고 호기심 넘치는 의대생 '에르네스토'로 남아 있을 수 없게 된 『모터사이클 다이어리』의 젊은 체 게바라처럼.

마지막으로, 여행의 초고수들은 관찰과 체험, 그리고 여행과 일상의 경계가 없는 사람들이다. 니체 자신이 바로 그 예다. 슈테판 츠바이크는 괴테와 니체 각각이 떠난 이탈리아 여행을 비교하면서 괴테는 "이탈리아에서 자신이 찾던 것을 발견"했지만, 니체는 그곳에 "동화되어서 다시 새로운 삶을" 얻었다고 말한다. 니체의 사유는 그가 발 딛고 있는 대지의 모든 것과 완벽하게 동화되어 있다. "온 세상이 외국인 동시에 고향"인 자, 주어진 모든 상황에서 자신의 능동성을 아낌없이 발휘하는 자, "순간순간의 인상에 온 영혼을 다 바치고, 그로부터 완전히 불타 녹아 없어지는 것에 행복감을"(슈테판 츠바이크, 『니체를 쓰다』, 원당희 옮김, 세창미디어, 2013, 105쪽) 느끼는 자. 니체와 같은, 가장 높은 등급의 여행자에게는 삶의 모든 순간이 여행이다.

나는 삶의 관광객이다

"저는 여행 갈 겁니다!"——"졸업하면 뭐 할 거니?", "제대하면 뭐 할 거니?" 같은 질문들에 대한 나의 일관된 답변이었다. 나는 무언가에 쫓기기라도 하는 것처럼 대학으로, 직장으로 향하는 이들이 이해되지 않았다. 어차피 그렇고 그런 대학에 가서 그렇고 그런 직장에 취직하여 쥐꼬리만 한 월급을 받으며 살아갈 거라면, 그러한 지리멸렬한 삶에 나를 내어주는 일을 군이 서두를 이유가 무엇인가. 게다가 나를 기다리고 있는 것이 그런 보잘것없는 삶이라면, 젊었을 때 뭔가 색다른 체험이라도 해두어야 하는 게 아닌가. 대충 이런 생각이었다. 그 왜, 엠마 왓슨도 했다는 '갭 이어'(Gap year)라고 있지 않나.

난 적어도 1년 정도는 여행을 다닐 생각이었다. 되도록이면 낯선 땅으로! 나는 온갖 여행 에세이들을 읽으며 꿈을 키웠다. 그 중에는 350만 원으로 141일 동안 아시아와 유럽을 여행한 동갑

내기의 책도 있었고, 초상화 그리기부터 정원 관리까지 온갖 일들을 하며 세계를 유랑한 젊은 예술가의 고생담도 있었고, 50년에 걸쳐 지구상의 모든 나라를 방문한 괴짜 노인의 이야기도 있었다. 나의 로망은 커져만 갔다. 실제로 1년간은 알바를 하면서 돈을 모으기도 했다(그 돈은 다 어디 갔을까). 그러나 불행인지 다행인지 나는 여행을 떠나지 않았고, 한편에 '탈조선'의 꿈을 간직한 채 서울에서 공부를 계속하고 있다.

나에게 여행이란 무엇이었나? 나는 '우연'과 '모험'을 기대했다. 특별히 가 보고 싶은 장소가 있는 건 아니었다. 내가 기대한 건 낯선 땅에서 내 앞에 펼쳐질 미지의 사건들 자체였다. 낭만적이고 황홀한 경험도, 처절하고 지독한 고생도 좋다. 나는 여행을 떠나면 '사건'이라고 할 만한 것이 내 앞에 펼쳐질 거라고 믿었고, 그것을 꿈꿨다. '여행'은, 내가 거부하거나 적어도 유예하고 싶었던 '현실'의 반대편에 있는 모든 것이었다.

나는 여행을 꿈꾸면서도 "가장 낮은 등급의 여행자들"이 되고 싶지는 않았다. 여행도 별로 다녀본 적 없는 주제에, 나는 '관광객'들을 경멸했다. 모두가 가는 곳에 발 도장 찍고, 맛있는 음식으로 혀를 즐겁게 하고, 멋진 유적이나 풍경을 배경으로 인생사진 찍기. 이런 따위의 여행은 공허하지 않은가. 나는 '체험'하고 싶었다. 나를 흔들어 놓을 만한 '사건'을 겪고 싶었다. 그런데 왜 굳이 여행이어야 하는가? 따지고 보면 '우연'과 '미지의 사건'은 어디에나 있지 않은가? 그것들은 꿈꾸고 말고 할 게 아니다. 가겠다던 여행은 떠나지 않고 공부를 하고 또 이 글을 쓰고 있는 지금이야말로 진정한

'미지의 순간'이 아닐까?

일상 속에서도 우리는 결코 동일한 순간들을 살지 않는다. 다만 그것들을 온전히 겪어 내지 못할 뿐이다. 그렇게 하려면 우리자신의 중심을 매번 이동하면서 끊임없이 의심하고 질문하지 않으면 안 된다. 이러한 과정은 감당하기 벅찬 일이기 때문에 그간나는 일상을 경멸하면서 '여행에의 동경'을 정당화해 왔는지도 모르겠다. 우연들과 사건들이 제 발로 거저 찾아와 주기를 바랐던 것이다. 그것도 지금 여기가 아닌, 저 너머의 다른 곳에서. 결국 여행에 대한 나의 동경은 우연과 모험에 대한 사랑이 아니라 삶에 대한지독한 권태였는지도.

니체는 "이 다섯 부류의 여행자는 대체로 모든 사람들이 통과하는 삶의 전 여행편력이기도 하다"라고 했다. 그렇다. 사실 삶이야말로 여행이다. 무수한 우연과 사건으로 매순간 무늬를 달리하는 만화경과도 같은. 나는 여행과 체험을 열망했지만, 역설적이게도 삶의 여정에서 가장 낮은 등급의 여행자였던 것은 아닐까? '여행'이라는 비일상을 꿈꾸며 일상을 비방하는 동안 나는 번번이 세계를 놓쳤다. 어떠한 체험도 변형도 일어나지 않았다. 나는 삶의관광객이었다.

체험을 숙고하라

오늘날에는 모든 사람들이 체험은 너무 많이 하면서 숙고하는 일은 너무 적게 한다: 즉 그들은 대식증과 이따금씩 생기는 복통을 동시에 가지고 있고, 이 때문에 아무리 많이 먹어도 항상 야위어 간다.── "나는 아무것도 체험하지 못했다"라고 말하는 사람은──바보다.(니체, 『인간적인 너무나 인간적인 Ⅱ』 「방랑과 그의 그림자」 203절, 니체전집 8, 김미기 옮김, 책세상, 2002, 349쪽)

체험이란 무엇인가? 나는 체험에 대한 환상을 가지고 있었나 보다. 내게 '체험' 혹은 '사건'이라고 말할 만한 것들은 항상 '여기'가 아닌 '저편'에 있었다. 바다 건너 어딘가에, 혹은 일상 바깥의 어떤 특별한 순간에. 니체에 따르면 나는 바보다. 그 자체로 의미를 갖는 특별한 체험 같은 건 없다. 우리가 자의적으로 어떤 체험을 특권화할 때에야 그것은 의미를 띠고 출현한다. 체험들은 그저 '매 순간' 우리를 스치고 흘러간다. 그리고 바로 그런 이유로 모든 체험들은 그 자체로 유일하고 특별하다.

많은 사람들은 내게 "뭐든 해보라"고 했다. 해보기 전엔 모른다고, 모든 경험이 나의 밑거름이 될 거라고. 그렇다. 해보기 전에는 모른다. 그런데 해보고 나면 다 알게 되는가? 그렇지 않다. 체험들은 우리를 스쳐 지나간다. 사진을 찍는다고 체험을 붙들 수 있는 것은 아니다. 어느 누구도 체험의 절대량이 부족하지는 않다. 우리는 각자가 겪을 수 있는 모든 것을 겪으면서 '지금'이라는 '낯선 곳'을 지나고 있다. 문제는 체험의 결여가 아니라 숙고의 결여다. 우린 대식증에 걸린 사람처럼 게걸스럽게 온갖 텍스트들, 이미지들, 자극들을 받아들이지만 그것을 소화할 수 있는 강한 위장은 갖고 있지 않다. 흡수되지 못한 체험들은 양분이 되기는커녕 복통을 일으키며 우리의 소화기능을 약화시킨다. 그리하여 우리는 갈수록 더 많은 것들로부터 아주 적은 것들만을, 다양한 체험으로부터 늘 받아들이던 것들만을 받아들이게 된다. 숙고되지 않은 많은 체험은 우리가 반복하는 습관과 사고의 패턴을 강화시킬 뿐이고, 결과적으로 우리는 새로운 매순간을 가장 진부하게 소비하고 마는 것이다. 체험이 음식물의 섭취라면, 숙고는 그것을 소화하는 과정을 가리킨다. 니체는 둘 사이의 이 지독한 불균형을 문제 삼고 있는 것이다.

요컨대, 숙고란 체험을 자기화하는 일이다. 체험을 내 것으로 만드는 데 요구되는 것은 새로운 정보를 빠르고 효율적으로 처리하는 능력이 아니다. 이미 가지고 있는 정보들과 새로운 체험들을 소화하고 배설하는 능력이다. 이전에 자신이 가지고 있던 관점을 게으르게 고수하려 들지 않고 오히려 그것들의 자명성에 의문을 제기할 수 있는 힘이다. 우리는 결코 같은 순간을 두 번 다시 겪을 수 없다. 체험은 항상 '나'를 빠져나가며 나의 익숙한 관념과 습관을 의심하도록 만든다. 이런 점에서 숙고한다는 것은 체험을 통해 이전의 자신과 결별하는 일이다.

사실 우리가 체험하는 것은 세계가 아니라 우리 자신이다. 우리는 '자기 자신'인 채로 체험되기를 기다리는 세계를 체험하는 것이 아니다. 우리는 다른 것들과 결합하여 변형되고 있는 우리 자신을 체험한다. 가령 음식을 먹는다고 할 때, 우리는 '음식'을 체험하는 게 아니라 음식과 결합하고 있는 우리의 신체를, 즉 우리 자신의 감각과 욕망을 체험하는 것이다. 우리는 우리의 신체를 통해서만 체험하며, 우리의 신체에서 벌어지는 모든 것을 체험한다.

나는 매주 세미나를 준비하며 니체를 읽는다. 이때 나는 무엇을 체험하는가? 한 대 얻어맞은 듯이 몸이 욱신거리고, 다르게 해석하려는 충동을 느끼며, 지금까지의 나 자신이 낯설어진다. 무엇보다, 내 언어로 글을 쓰고 싶어진다. '니체'도 '니체의 책'도 없다. 책을 읽는 순간, 무수한 마주침이 펼쳐지는 장으로서의 나의 신체가 있을 뿐이다. 따라서 문제는 '다른 것'을 체험하는 것이 아니라 '다르게' 체험하는 일이다. 생 빅토르 후고는 "전 세계를 타향이라고 생각하는 사람이야말로 완벽한 인간"(생 빅토르 후고, 『디다스칼리콘』)이라고 말한다. 지금 여기서 다르게 느낄 수 없다면, 지구 반대편에 간다 한들 무슨 소용이 있을까.

삶의 여행자가 되기 위하여

그는 본질적으로 혼자인 사람이었다. 그의 고립을 안다까워하는 사람들은 다음과 같이 자문해야 했다. 그가 정말로 고독을 싫어했다면, 왜 혼자 있기를 그만두지 않았는가? 니체는 어디든 자신이 원하는 곳에서 살 수 있었다. 그러나 그는 실제로 어디에도 정착하지 않았다. 그나마 오래 살았다고 할 만한 곳은 오버엥가딘에 있는 질스마리아라는 마을의 촌장의 집에 딸린 작은 방이었다. 그는 그곳에서 몇 번의 겨울을 보냈다. 그 외에는 제노

바, 니스, 베네치아, 토리노에 체류하거나, 그 지역들 사이 어딘 가를 여행하거나, 스위스나 독일에서 지냈다. 그는 호텔 방과 하숙방에서 살았으며, 재산이라고는 입은 옷과 원고들, 그리고 이것들을 담은 커다란 여행용 가방이 전부였다.(레지날드 J. 홀링데일, 『니체』, 김기복·이원진 옮김, 북캠퍼스, 2017, 204쪽)

들뢰즈는 스피노자를 '여행자'로 규정하면서, 그가 여행자로 불릴 수 있다면 그것은 "그가 주파한 거리가 아니라 하숙 생활을 벗어나지 않는 그의 품성과, 그리고 아버지의 유산 상속을 포기한 결과로서의 집착의 부재, 소유물과 재산의 부재 때문"(질 들뢰즈, 『스피노자의 철학』, 박기순 옮김, 민음사, 2001, 19쪽)이라고 말했다. 이러한 의미에서는 니체 또한, 아니 니체야말로 여행자였다. 그는 결코 '돌아갈 곳'을 설정하지 않았다. 거처뿐만 아니라 인간관계, 사고방식, 문화적 취향, 생활방식을 포함한 모든 것들이 언젠가는 감사를 느끼며 작별을 고할 수 있는 '단기적 습관'이었다. 무엇과도 소유하고 소유되는 방식으로 관계 맺지 않았다는 점에서 니체는 여행자이며, '본질적으로 혼자인 사람'이었다. 니체를 여행자로 규정하게 만드는 것은 질스마리아, 제노바, 니스 등과 같은 그의 행선지들이 아니라 '머물 곳'을 만들지 않는, 여행장비를 벗겨 내지 않는 그의 삶의 태도다.

꼭 가보고 싶은 나라도 죽기 전에 꼭 보고 싶은 풍경도 없는 주제에, 나는 왜 그렇게 여행을 꿈꾸었을까? 어째서 주변의 또래들은 그토록 여행에 환장한 걸까? 누군가는 여행을 하기 위해 일하고, 또 다른 누군가는 아끼고 아낀 돈을 여행으로 탕진한다. 무엇이 우리를 바깥으로 낯선 곳으로 내모는 걸까? 어쩌면 그것은 우리를 속박하는 '장기적 습관', 즉 우리의 패턴화된 생활양식과 사고방식 등 우리 스스로 수립해 놓은 '돌아갈 곳들'에 대한 저항감이 아닐까? 그러나 '단지' 여행을 떠나는 것, 낯선 곳에 가서 새로운 체험을 '소비'하고 돌아오는 것은 혹시 미봉책이 아닐까? 권태로운 삶에 저항하기 위해서는 무력하게 '비(非)일상'을 갈망하는 것이 아니라 일상/비일상, 머묾/여행의 견고한 구분과 싸워야 하지 않을까. 나는 내가 그토록 갈망했던 여행을 지금 여기에서 시작해 보고 싶다. 무력하게 새로운 자극을 찾는 여행 소비자가 아니라 지금의 체험에 충실한 삶의 여행자가 되기 위하여.

9장 바보야, 문제는 취향이 아니라니까

나의 '개인적인' 음악 취향 변천사

처음으로 '취향'에 대한 의식을 갖게 된 것은 중학교 때다. 2006년, 초등학교를 갓 졸업한 당시의 나는 50~100곡 정도가 들어가는 512mb 용량의 mp3에 '버즈'의 노래를 가득 채워 넣고 있었다. 그런데 웬걸, 내가 입학한 중학교는 '힙합'이 대세 아니었겠는가. 내가 듣고 있던 온건한 록발라드 따위는 설 자리가 없었다. 드렁큰 타이거, 다이나믹 듀오, 배치기 정도는 알고 있어야 사람 취급을 받을 수 있었고, 무브먼트, 소울컴퍼니, 지기펠라즈 같은 크루들에 대해 알고 있다면 훌륭한 대화 상대로 인정받을 수 있었다. 당시 나는 형누나들의 취향을 모방하면서 처음으로 내가 듣는 음악이 나의 정체성이 될 수 있다는 것을 느꼈던 것 같다.

　고등학교에 입학할 때 나는 좀 더 거만해져 있었다. 당시에 누군가 내게 mp3를 빌려 달라고 했다면, 허세 가득한 말투로 "아는 노래 없을 텐데"라고 말하지 않았을까. 생각만 해도 소름이 돋는다. 그러거나 말거나 함께 이야기를 나눌 상대가 없어지자 힙합에 대한 나의 관심은 빠르게 식어 갔다. 그래도 남들이 다 듣는 걸 들을 수는 없다는 저항감 탓인지, 나는 당시 밴드부 보컬이던 친구와 함께 1990년대에서 2000년대 초반의 브릿팝(Brit-Pop)에 빠져들기 시작했다. 오아시스, 블러, 라디오헤드, 트래비스, 뮤즈… 언제 힙합을 들었나는 듯 고등학교 3년 내내 나는 영국밴드들의 음악에 심취했다.

지금은 좀 더 팝쪽으로 기울었다. 고딩 때는 너무 메인스트림 같다는 이유로 듣지 않았던(!) 콜드플레이의 팬이 되었고, 지나치게 트랜디하다고 생각했던(!) 빈지노(그리고 물론 재지팩트)의 모든 곡들을 좋아하게 되었다. 그 외에도 떠오르는 대로 마구잡이로 나열하자면 ── 악틱몽키스, 뱀파이어 위켄드, 레드핫칠리페퍼스, 낫띵 벗 띠브스, 로드, 디 엑스엑스, 이랑, 바이바이 배드맨, 공중그늘 등을 즐겨듣는다.

사실 주로 듣는 음악의 목록은 거의 매달 달라진다. 이들은 내 재생목록에서 비교적 오래 머물러 있는 아티스트들을 추린 것이다. 음원 스트리밍 사이트를 이용하면서부터는 음악을 듣는 경향이 훨씬 더 잡다해지고 파편화됐다. 나의 '개인적인 취향'은 이처럼 늘 모방을 통해서만 형성되어 왔다. 그리고 지금도 형성되고 있는 중이다.

'취존'의 시대

바야흐로 취향의 시대다. 요즘은 온갖 분야에서 '취향'이 이야기된다. 음악 취향, 영화 취향, 음식 취향은 물론이고 특정 정당이나 정치인을 지지할 때에도 문제가 되는 것은 취향이다. 성정체성 또한 일종의 취향 문제로 간주된다('성적 취향'). 민족이나 이념, 계급 따위의 '거대한' 것들이 퇴장한 자리를 이제 취향이 차지하고 있다. 모든 것이 가장 '사적'인 범주인 취향의 영역으로 환원되어 버린 것이다.

'취존'——'취향입니다, 존중해 주시죠'를 줄인 말이다. 그런데 도대체 뭘, 어떻게? 우선 이는 "내가 뭘 좋아하든 왈가왈부하지 말라"는 경고의 메시지다. 이념에는 얼마든 태클을 걸 수 있지만, 취향은 불가침의 영역이다. 호모포비아 문제를 둘러싼 SNS상의 논쟁을 보라. 양 진영은 똑같은 논리로 서로를 공격한다. 한쪽에서 "나의 개인적인 성적 취향을 존중하라!"라고 말하면, 반대쪽에서는 "나는 너와 성적 취향이 다르다. 그러므로 나의 취향에 따라 너를 혐오할 권리가 있다!"라고 응수한다. 양쪽 모두가 전제하고 있는 것은 취향의 환원불가능성이다.

이처럼 '취존'은 굉장히 유용한 윤리적 지침으로 작동한다. 모든 건 각자의 취향일 뿐이니, 판단하려 들지 말고, 바꾸려 들지 말고, 공연히 싸우려 들지 말지어다. 아니, 사실은 취향을 말하는 순간 갈등 자체가 성립될 기반을 잃는다. 그런데 달리 생각해 보면, '존중해 달라'는 이러한 외침 속에는 인정에 대한 갈구가 섞여 있다. 그렇지 않다면 뭐하러 인스타그램과 페이스북에 자신의 취향과 감성을 공들여 '전시'하겠는가. 그렇다면 '취존'은 다음과 같이 번역될 수 있다. "나의 취향을 인정해 달라, 다만 평가하진 말고."

'취존'이라는 윤리에는 취향이 가장 내밀한 자기 자신이라는 생각이 작동하고 있다. '나 자신'이라고 말할 수 있는 것은 무엇인가? 나의 국적도, 계급도, 내가 속해 있는 집단도 아니다. '진정한 나'라고 말할 수 있는 것은 나의 즉각적인 호오의 감각 외에 다른 무엇도 아니다. 때문에 나와 내 또래는 결코 특정한 집단에 스스로를 동일시하지 않는다. '교양'과 '취향'의 가장 큰 차이가 여기에 있다. 교양이란 스스로가 지식인 계층에 속해 있음을 증명하는 표식 같은 것이 아닌가? 그에 비해 취향은 무리로부터 자신을 구별해 내는 수단이다. 따라서 취향에서 문제가 되는 것은 '훌륭한 취향'을 모방하는 것이 아니라 자기만의 '독특한 취향'을 계발하는 일이다.

취향은 나의 힘

벗들이여, 취향과 미각에 대해서는 이러쿵저러쿵하는 게 아니라고 하려는가? 일체의 생명이 취향과 미각을 둘러싼 투쟁이거늘!/ 취향. 그것은 저울추인 동시에 저울판이요 저울질하는 자다. 저울추와 저울판, 그리고 저울질하는 자와의 실랑이 없이 삶을 영유하고자 하는 일체의 생명체에게 화 있을지어다!(니체, 「차라투스트라는 이렇게 말했다」 니체전집 13, 정동호 옮김, 책세상, 2000, 199쪽)

니체에 따르면, 취향을 둘러싼 투쟁은 생명의 본질이다. 생명은 끊임없이 '의욕'한다. 살아간다는 것은 곧 의욕한다는 것을 의미한다. 그러나 생명은 무작위적으로 모든 것을 의욕하지는 않는다. 욕망에는 늘 '해석'과 '평가'가 함축되어 있다. 살아간다는 것, 다시 말해 의욕한다는 것은 세계를 각자의 방식으로 해석해 내는 과정 속에 있음을 의미한다. 이때 해석과 평가가 의존하는 것은 무엇인가? 어떤 선험적 가치도, 주체의 자유의지도 아니다. 그것은 쾌와 불쾌의 '감각'이며, 능동적이거나 수동적인 '힘의 느낌'이다. 이러한 감각과 느낌들 사이의 부단한 투쟁과 재배치. 이것이야말로 니체가 말하는 '취향'이요 '생명'이다.

니체 또한 모든 것은 취향의 문제라고 말할 것이다. 다만 이때의 취향은 주체인 '나'의 취향이 아니다. 그 느낌을 촉발하는 대상들과 느낌의 방향성들로 진동하는 신체, 평가하고 해석하는 생명(힘의지), 그것이 '나'를, '나의 취향'을 구성한다. 저울추와 저울판, 저울질하는 자 사이의 계속되는 실랑이, 다시 말해 '취향과 미각을 둘러싼 투쟁'이 모든 것이다. 여기에는 실체화할 수 있는 '나'도 '나의 취향'도 없다. '나'는 취향을 둘러싼 끊임없는 투쟁과 계속되는 재조정의 과정 속에 있을 뿐이다.

생각해 보면 '나의 취향' 역시 투쟁을 통해 성립되어 왔다. 중학교에 입학했을 때, 그동안 내가 좋아했던 것들이 참을 수 없을 정도로 유치하게 느껴지는 폭력적인 경험과 함께 취향이 일변했다. 물론 그 이전에 나의 취향을 구성하고 있던 것들 또한 내게 고유한 무엇이라고 말할 수 없다. 그 또한 이전 감각들과의 투쟁 속에서 일시적으로 승리를 거둔 감각일 뿐이다. 취향의 획득은 그 자체로 다른 느낌, 다른 감각을 밀어내고 또 다른 느낌을 전유하는 과정을 수반한다. 10년 전, 20년 전에 좋아했던 것들을 떠올려 보라. 그것들에 대한 낯선 감각은 우리의 취향이 한시도 멈춰 있지 않음을 보여 준다. 요컨대 취향이란 기존의 취향, 즉 이미 형성되어 있는 감각과의 부단한 투쟁이다. 그러므로 '나의 취향'이란 허상이다. 그저 투쟁 속에서 승리한 힘에 사후적으로 우리 자신을 동일시할 뿐이다.

평가하지 말고 존중하라. 취존. 그러나 사실 취향을 갖는다는 것은 그 자체로 이미 평가하는 행위이며, 우리의 취향은 계속되는 재평가의 과정 가운데 있다. 그러므로 '취존'이란 실은, 세계에 대한 자신의 평가를 더 이상 바꾸지 않겠다는 선언에 지나지 않는다. 하나의 평가가 다른 평가를 대체하는 과정, 취향을 둘러싼 이 부단한 투쟁의 과정에는 매번 외부의 것들이 개입한다. 그러나 '취존'을 말하는 우리에게는 낯선 감각들 사이의 충돌이 야기하는 혼란과 불쾌감이 버겁다. 그래서 짐짓 점잖게 "취향입니다. 존중해 주시죠"라고 말하며 안전한 정체성과 타자의 인정 속에 머물고자 하는 것이다.

난 널 존중해, 싸우자!

유희열은 한 TV쇼에서 "대중음악은 동네 형한테 배우는 것"이라고 말한 적이 있다. 그렇다. 음악 취향이라는 것은 나보다 더 잘 아는 누군가(흔히 동네 형)의 취향을 모방하고 그로부터 배워 가며 형성되는 것이었다. 그러나 지금 취향은 침해당해서는 안 될 소중한 정체성으로 승격되었다. '모방'이나 '배움'은 '취존'과는 결코 양립할 수 없는 단어가 되었다.

우리는 우리에게 좋은 것이 무엇인지 이미 알고 있다. 적어도 이론상으로는 그렇다. 이쯤에서 '동네 형'은 퇴장한다. 지금은 그 역할을 '취향분석 알고리즘'이 대신하고 있다. '멜론'이나 '왓챠' 같은 사이트들이 제공하는 취향분석 프로그램은 결코 '배움'을 강요하지 않는다. 그것들은 '다른 취향'들을 알려주는 대신 우리 자신의 취향을 재확인시켜 주고, 우리의 취향에 가장 '적합한' 음악과 영화를 추천해 준다. 알고리즘은 다른 누구보다도 우리의 내밀한 취향을 '존중'해 준다. 그러나 어째서인지 나는 알고리즘이 추천해주는 영화나 음악에는 흥미가 잘 생기지 않는다. 알고리즘의 친절한 추천을 받아놓고도 청개구리처럼 다른 음악을 듣고 다른 영화를 보게 된다.

사실 누군가의 취향을 모방하고 싶은 욕구가 생기는 것은, 그 사람이 나와 일치하는 취향을 갖고 있기 때문이 아니다. 우린 늘 다른 취향, 다른 감각에 매혹된다. 취향분석 프로그램의 완벽한 '존중'이 공허하게 느껴지는 까닭은, 애초에 존중되어야 할 고정된 취향이란 존재하지 않기 때문이 아닐까? 우리의 취향은 낯선 감각의 침입을 통해서만 형성되며, 그러한 과정 속에서 끊임없이 변화한다.

취향, 존중해야 한다. 왜냐하면 그것이야말로 나를 말해 주는 모든 것이니까. 다만, 취향으로 드러나는 '나'란 내가 아닌 모든 것이다. 그렇다면 취향을 존중하고자 하는 우리, "판단하지 마!", "인정해 줘!"라고 말할 게 아니라, 이렇게 말해야 하는 게 아닐까? "가르쳐 줘!", "개입하고 싶어!", "싸우자!"

10장 이 죽일 놈의 썸

'썸', 나의 쿨한 사랑법

나는 공부가 좋다. 음악 듣는 것도 좋아하고, 기타 치는 것도 좋아하고, 그림 그리는 것도 좋아하고, 영화 보는 것도 좋아하지만, 지금으로서는 책 읽고 글 쓰는 게 가장 좋다. 게다가 지금 나에게는 공부할 수 있는 최적의 조건이 갖추어져 있다. 나의 일과는 공부뿐이다. 돌봐야 할 가족이 있는 것도 아니고, 돈을 벌어야 하는 것도 아니며, 달리 하고 싶은 일이 있는 것도 아니다.

그런데 어째서인지 나는 좋아하는 일을 앞에 두고도 주변만 빙빙 돈다. 사실 나는 공부에 나를 온전히 내어주지 않고 있다. 매주 세미나를 하고 강의를 듣지만, 딱히 절실하다는 느낌이 들지는 않는다. 약간 거리를 둔 채 '적당히' 훑고 지나간다는 느낌. 그래, 아직 공부가 몸에 익숙해지지 못한 탓일 거야. 그러다 문득, '혹시 나는 공부뿐만이 아니라 모든 것과의 관계에서 이러한 패턴을 반복해 온 게 아닌가?' 하는 의문이 들었다.

일천한 내 연애사를 돌이켜봐도 그렇다. 생각해 보면 나는 항상 마음을 주는 데 인색했다. 대부분의 경우 내가 마음을 더 많이 주는 쪽인 양 행동했지만, 한편에서는 언제든 그것을 거두어들일 준비를 하고 있었다. 그래서 관계가 끝나도 별다른 타격을 입지 않았다. 무엇을 하든 마찬가지였다. 그림을 그리든 기타를 치든 '이 건 단지 취미일 뿐'이라는 점을 스스로에게 분명히 했다. 알바를 할 때도 마찬가지였다. '나는 여기에 돈을 벌기 위해 잠깐 왔을 뿐이야'라는 말을 끊임없이 되뇌었다. 어디서 뭘 하든 스스로를 '임시로 머무는 사람' 정도로 간주했을 뿐이다. 말하자면 나는 세계와 '썸'을 타고 있었던 것이다.

'썸'은 나와 내 또래들이 가장 선호하는 관계의 형태다. 긴장감과 설렘을 동시에 느낄 수 있지만 질척거리는 감정의 충돌을 겪을 필요는 없는 편리한 관계.

'썸'을 즐기면서 나는 그걸 정형화된 관계에 대한 저항이라고 생각하고 있었다. 결혼이라는 제도에 포섭되고 싶지 않다. '남자친구', '여자친구'라는 식의 호칭이 만들어 내는 독점적 관계는 진부하다. 그저 거기까지만, 딱 그 정도만. 우리는 이런 우리의 태도를 '쿨하다'는 말로 정당화한다. 지저분한 꼴을 볼 일도 없고, 다칠 걱정도 없다. 그러나 이러한 관계는 너무나 공허하다. 세계와 '썸'을 타는 동안은 사실 무엇을 겪어도 겪은 것 같지 않고, 무엇을 느껴도 느낀 것 같지 않다. 그러다 이런 생각이 드는 거다. 어쩌면 '썸'을 즐기는 건 관계가 전면화되었을 때 겪어야 할 귀찮은 것들을 회피하고자 하는 태도가 아닐까? 혹은 익숙한 관계에서 오는 권태를 돌파하지 못하고 수동적으로 새로운 자극을 구하는 무력함의 표현은 아닐까? '썸'이라는 말은 우리가 세계와 관계하는 방식의 인색함을 표현하는 단어였는지도 모르겠다.

일이나 공부에 대해서도 나는 일종의 '아마추어리즘'을 표방했다. 뭐든 적당히 즐거운 정도로만 하자! 악기도 좀 다루고, 그림도 좀 그리고, 때로는 어려운 책도 좀 읽으면서 경쾌하게 삶을 주유하고 싶었다. 그럴 때만, 다시 말해 한 가지 분야나 특정한 목적 같은 것에 매몰되지 않고 매사를 일종의 '취미'로 다룰 수 있을 때라야 여유 있고 매력적인 사람이 될 수 있을 거라고 생각했다. 그러나 지금은 전혀 다른 종류의 위기감을 느낀다. 혹시 나는 이대로 세계와, 나 자신과 끊임없이 썸만 타다 끝나고 마는 게 아닐까?

불임의 사랑

나는 한동안 '무기력'이나 '냉소' 같은 말에 붙들려 있었다. 이런 말들은 나를, 그리고 내 또래들을 잘 설명해 주는 것 같았다. 어떤 신념이나 목표에 매진하거나 순수한 열정으로 무언가에 몰두하기에 우리는 너무나 무기력하고 냉소적이다⋯ 우리는 믿을 수 있는 능력을 상실했다⋯ 우리는 뭔가를 시도하고 좌절할 기회를 박탈당한 것이다⋯ 그러므로 깨작거리면서 온갖 것들과 썸이나 타는 게 우리의 운명일지도 모르겠다⋯ 대충 이런 식의 진부한 숙명론적 자기비하에 빠져 있었던 것 같다.

그런데 사실 이러한 자기비하에는 강한 매혹이 숨어 있었다. 솔직히 말하면, 나의 의욕 없음과 무기력에는 기이한 방식의 자기 도취가 작동하고 있었다. 나는 남들이 안달복달하는 '미래', '성공', '삶' 따위에 대한 나의 무신경함을 전시했던 것이다. 짐짓 어른스러운 얼굴을 하고는, 무엇하러 그렇게 사소한 일에 애를 쓰고 얼굴을 붉히느냐고 묻는 듯한 태도를 취했다. 그러니까 나는, 어떤 일에도 나 자신을 온전히 던지지는 않음으로써, 즉 절반쯤만 의욕하는 방식으로 나를 '보호'하고 있었던 것이다. 그러나 '절반쯤'만 의욕한다는 것은 의욕하지 않는 것과 마찬가지다. 한마디로, 나는 '의욕하지 않는 나'를 의욕하고 있었다.

> 너희 또한 이 대지와 지상의 것을 사랑하고 있다. 나 너희를 잘 알고 있다! 그러나 너희가 하고 있는 사랑 속에는 수치심이 있고 좋지 않은 양심이란 것이 있다. 달을 닮아 그런 것이다!
> 사람들이 너희의 정신을 설득하여 지상의 것을 경멸하도록 해왔지만 너희의 오장육부까지 설득하지는 못한 것이다. 너희에게 있어 가장 강한 것이 바로 그것들이니!
> 그리하여 너희의 정신은 너희의 오장육부의 뜻에 따르면서도 수치스러워 하고, 그 수치심에서 뒷길로, 거짓 길로 들어서는 것이다.(니체, 『차라투스트라는 이렇게 말했다』, 니체전집 13, 정동호 옮김, 책세상, 2000, 208쪽)

니체는 '순수한 인식'을 추구하는 학자들을 '달'에 비유한다.

온몸을 던져 대지를 샅샅이 비추는 태양의 무구한 사랑이 아닌, 대지의 아름다움을 눈길로써만 더듬는 달의 음흉한 사랑. 달은 대지를 사랑하는 자신의 욕망과 충동을 애써 감추고 무욕(無欲)과 무사심(無私心)을 가장한 눈길로 세계를 '관조'한다. 이들 '때 묻지 않은 앎'을 추구하는 자들은, 달이 그러하듯 욕망하면서도 자신의 욕망을 부정한다. 때문에 그들의 욕망에는 수치심이 깃든다. 니체가 보기에 이들은 자신의 신체적 충동과 욕망에 의해 인식을 추구하면서도 온 힘을 다해 그것을 부정하려 든다는 점에서 기만적이며 음탕하다. '때 묻지 않은 앎'을 추구하는 자들은 대체 무엇 때문에 자신의 욕망을 부정하는가?

사랑에는 늘 몰락이 수반되기 마련이다. 니체에 따르면 "사랑하는 것과 몰락하는 것"은 "영원히 조화를 이루어"(니체, 『차라투스트라는 이렇게 말했다』 니체전집 13, 정동호 옮김, 책세상, 2000, 209쪽)왔다. 어째서인가? 사랑한다는 것은 '나'인 채로 '너'를 사랑하는 것이 아니라, '너'라는 타자와의 마주침을 통해 내 안의 타자성을 발견하는 일이고, 완전히 다른 자기 자신이 되는 일이기 때문이다. 니체가 "사랑을 향한 의지는 기꺼이 죽음을 맞이하려는 의지이기도 하다"라고 말한 것은 그 때문이다. 요컨대, 사랑이란 기존의 자신의 몰락을 수반하는 낯선 마주침이다. 이에 반해 '썸'은, 어떤 안전한 선을 지키며 타자와 공유할 수 있는 것만을 공유하려 한다는 점에서, 자기 몰락에 대한 욕망이 아니라 자신을 유지하고 강화하려는 욕망의 발로다. 썸은 비겁하고 이해타산적인 자기 보존의 욕구다.

'때 묻지 않은 앎'을 추구하는 자들은 대지를 의욕적으로 해석하고 창조하기보다는 '관조'라는 명분하에 실은 세계와 썸을 타는 자들이다. 그들은 "백 개의 눈을 지닌 거울처럼 사물 앞에 드러누울 뿐 그것들로부터 아무것도 바라지"(니체, 『차라투스트라는 이렇게 말했다』, 니체전집 13, 정동호 옮김, 책세상, 2000, 208쪽) 않는 상태를 원한다. 그들은 의욕하면서도 자신들의 의욕함을 온전히 감당하려 들지 않는 것이다. '사랑'에 내포되어 있는 위험과 불안, 좌절, 허망함을 회피하고 싶은 것이나. 그러나 사랑하는 자들은 거울이 되고자 하지 않는다. 사랑의 무구함은 모든 고귀하고 비천한 욕망을 남김없이 드러내는 데 있기 때문이다.

의욕한다는 것은 무엇인가? 그것은 스스로 명령하고 복종함을 가리킨다. 자기 자신에게 명령하는 자는 "자신의 법에 대해 판관과 수호자, 그리고 제물이 되지 않을 수"(니체, 『차라투스트라는 이렇게 말했다』, 193쪽) 없다. 그런 점에서 무언가를 의욕한다는 것은 그로 인해 야기될 결과까지 온전히 욕망함을 의미한다. 의욕하는 자는 의욕할 수밖에 없기 때문에 의욕한다. 간 보지 않고, 밀당하지 않고, 의욕할 뿐이다.

니체는 달의 사랑을 불임(不姙)이라고 규정한다. 누구도 다치게 하지 않는, 누구도 변화시키지 못하는 사랑. 어떤 불쾌감도 야기하지 않는, 어떤 사유도 발생시킬 수 없는 사랑. 나는 '좋아한다'고 하면서도 어느 하나에 매몰되고 싶지 않았다. 그건 삶에 여유를 갖지 못하는 협소한 인간이나 하는 짓이라 생각했다. 그런데 안전하게 자신을 지키며 대지의 실루엣을 더듬는 달의 사랑을 반복하는 동안, 나는 결국 나 자신에 매몰되고 말았다. '썸 타는' 나는 분

만이 아니라 도피를, 해산의 고통이 아니라 자신의 영구보존을 욕
망하고 있었던 셈이다.

태양처럼 사랑하라

니체에 따르면, 존재하는 모든 것들은 결코 자기보존을 목표로 삼
지 않는다. 생각해 보자. 우리의 신체는 스스로를 보존하기 위해서
조차 해체와 생성을 거듭한다. 모든 신체에는 이미 외부가 개입되
어 있는 것이다. 니체는 생명체를 발견하면서 "주인이 되고자 하는
의지"(니체, 『차라투스트라는 이렇게 말했다』, 194쪽) 또한 발견했다고 말한다. 우
리를 지배하는 힘에의 의지는 정복하고 전유하고 고양되고자 하
지, 머무르고 유지하고 반복하려 들지 않는다. 다시 말해, 우리를
가로지르는 힘은 결코 몸을 사리는 법이 없다.

> 벌써 저 활활 타오르는 자가 떠오르고 있으니, 대지에 대한 그의
> 사랑이 다가오고 있으니! 순진무구와 창조의 열망이야말로 태
> 양이 온몸으로 사랑하는 것들이렷다!
> 저쪽을 보라, 태양이 어찌 그리도 서둘러 바다를 건너오는가! 너
> 희는 그의 사랑의 갈증과 뜨거운 입김을 느끼지 못하는가?
> 태양은 바닷물을 빨아들여 그 심연을 자신의 높이까지 들이마
> 시려 한다. 이에 천 개나 되는 젖가슴을 갖고 있는 바다가 갈망
> 으로 부풀어 오르는구나.

바다는 태양이 목말라 자신에게 입맞춤해 주기를, 그리하여 자신이 빨려 들어가기를 소망한다. 대기가 되어 높이 올라 빛이 흐르는 길이 되고 스스로 빛이 되기를 소망하는 것이다!

진정, 태양이 그러하듯 나 또한 생을, 그리고 깊은 바다를 두루 사랑한다.

깊은 곳에 있는 것 모두는 올라와야 한다. 나의 높이까지! 내게는 이것이 깨달음이니.(니체, 『차라투스트라는 이렇게 말했다』 니체전집 13, 정동호 옮김, 책세상, 2000, 211쪽)

'눈길로만 더듬는' 달과 달리 태양은 '온몸을 던져' 사랑한다. 바다의 심연까지를 빨아들이는 태양의 사랑에는 어떠한 망설임도, 거리낌도 없다. 태양은 자신을 아낌없이 모두 준다. '미래'를 위한다는 명분으로 자신의 에너지를 아끼지 않는다. 매순간 자기 자신을 남김없이 태운다. 하여 태양은 세계를 감춤없이 드러낸다. 가장 아름다운 것에서부터 더없이 추악하고 역겨운 것에 이르기까지, 모든 것을 만천하에 드러낸다. 그렇게 태양은 모든 것에 깃들어, 모든 것을 분만해 낸다. 이러한 태양의 전면적 사랑에는 계산이 개입할 여지가 없다. 애초에 태양은 돌려받을 것을 생각하지 않고 베풀기 때문이다.

태양처럼 사랑한다는 건 뭘까? 사람과 일과 공부와, 달의 방식이 아닌 태양의 방식으로 관계 맺는다는 것은 무엇일까? 그것은 내가 그에게, 또 그가 나에게 가져다줄 모든 환희와 고통을 남김없이 욕망하는 일이 아닐까. 내가 활동하는 이곳 '바깥'을 이상(理想)

으로 삼지 않기, 머리가 아니라 온몸으로 텍스트를 읽어 내기, 그게 태양의 방식으로 살고 사랑하는 길이 아닐까. 결과가 어떠하든 시도하기. 실패하더라도 다시 시도하기.

다시, 나 자신이다. 나는 여전히 너무나 몸을 사린다. 나는 니체처럼 당당하게 "태양이 그러하듯 나 또한 생을, 그리고 깊은 바다를 두루 사랑한다"고 외칠 수 없다. 무엇이 나를 멈칫거리게 하는가? 무엇이 나를 인색하게 만드는가? 나의 비겁은 무엇에서 기인하는가?

나는 어떤 일에도 쉽게 기대를 걸지 않는 편이다. 안 될 거라고 생각하는 일에 대해 포기도 빠르다. 그게 내가 견지해 온 '쿨함'이다. 문제는 그 '쿨함'으로도 가볍지 않다는 것이다. 홀가분하지 않다는 것이다. 나의 쿨함은 더없이 소심하고 나약하며 더없이 무거운 나를 감추는 장막이었기 때문이다. 상처받을까봐, 그리고 무엇보다 나 자신의 비루함과 마주하게 될까봐 두려웠던 것이다. 그래서 처음부터 그 무엇도 욕망하지 않는 것처럼 나 자신을 속였던 것인지도. 지금에야 나는 무엇에게도 온전히 내 마음을 내어주지 않는 '쿨함'이 내 무거움의 정체였다는 역설을 마주한다.

니체는 우리가 모든 것을 배워야 한다고 말한다. 걷는 법, 나는 법, 읽는 법, 사랑하는 법까지도. 이제 썸은 그만 타고 싶다. 사랑하고 싶다. 태양처럼. 그러기 위해서는 우선 "자기 자신을 건전하며 건강한 사랑으로써 사랑하는 법을 배워야 한다"(니체, 『차라투스트라는 이렇게 말했다』 319쪽) 사랑하기 위해서는 먼저 자기 자신을 사랑할 줄 알아야 한다. 그 출발은 나 자신에 대한 모든 환상을 버리는 일이다. 어떠한 기대나 체념도 없이 나 자신과 만나기. 온갖 더러운 꼴을 보고 비루한 자신과 마주할 것을, 그런 나 자신과 싸울 것을 각오하기.

11장 솔직함, 혼돈을 살기

그녀에 대해 알고 있는 두세 가지 것들

누군가 내게 여성에 대해 이야기해 보라고 한다면, 나는 어떤 말들을 할 수 있을까? 내 경험에 비추어 보면, 여자들은 보통 '주변'을 중요시한다. 남자들은 모두 얼마간 자기 혼자만의 망상에 빠져 산다. 텅 빈 관념에 사로잡히거나 자기 원칙만 고집하거나 허황된 꿈을 좇는다. 때문에 어딜 가도 관계에 무능한 쪽은 대개 남자다. 그에 비해 여자들은 훨씬 현실적이다. 옆 사람의 기분이나 상태에 민감하게 반응하고, 거대한 망상에 사로잡히기보다는 자신의 현실적인 조건 속에서 손에 쥘 수 있는 것들을 추구한다. 그 때문에 세속적인 가치에 더 많이 붙들리는 경향이 있는 것 같다. 주변 사람들의 시선에 지나치게 연연하고, 모두와 잘 지내야 한다는 강박에 시달리는 건 대체로 남자보다는 여자 쪽이다.

'여성'을 주제로 글을 쓰기는 글렀다. 여성에 대해 말하는 게 이렇게 어려울 줄이야. 겨우 한 문단, 여덟 개의 문장을 쓰는 데도 수도 없이 멈칫거리게 된다. '이건 여성혐오인가?', '이런 말은 지나친 일반화가 아닐까?', '이렇게 말하면 너무 편협해 보이지 않을까?' 이런 생각들이 나를 가로막는다. 분명 내가 만나 본 구체적인 여성들이 있고, 그들에 대한 나의 생각과 느낌이 있는데도, 나를 가로지르는 시선들 사이의 균형을 맞추려다 보면 잘 끄집어내지지 않는다. 자꾸 '보통의 경우', '대개', '대체로', '경향이 있다'라는 표현들이 튀어나오고 마는 것이다. 그런데 우리의 니체, 평생 변변한 연애 한 번 못해 봤으며, 어머니·여동생과 불화했던 그는 여성에 대해 적지 않은 말들을 했다.

> 여성들은 객관적이기보다는 훨씬 더 개인적이기 때문에, 그들의 사상 영역에서는 논리적으로 서로 모순되는 방향들이 서로 잘 조화하고 있다.(니체, 『인간적인 너무나 인간적인 I』 377절, 니체전집 7, 김미기 옮김, 책세상, 2001, 323쪽)
> 여성은 봉사하고 싶어 하고 거기서 행복을 느낀다.(니체, 『인간적인 너무나 인간적인 I』 432절, 345쪽)
> 모든 여성들은 자신의 약점을 강조하는 데 있어 매우 세련된 능력을 지니고 있다.(니체, 『즐거운 학문』 66절, 니체전집 12, 안성찬·홍사현 옮김, 책세상, 2005, 133쪽)

여성에 대해 이야기하는 니체의 글들을 읽고 있노라면 그의 독단적 평가와 판단에 반발심이 들기도 하고, 코지마 바그너나 루살로메와의, 거의 니체 혼자만의 망상에 가까웠던 연애사건들이 떠오르면서 여성에 대한 니체의 말들이 모두 '루저'의 어리광으로 읽히기도 한다. 그리고 무엇보다 의문이 든다. 니체는 대체 뭘 믿고 이렇게 '막' 말할 수 있었던 거지?

하긴, 니체는 여성에 대해서만이 아니라 다른 모든 것들에 대해서도 이런 식이다. 딱히 객관적이고자 하지도 않고, 자기 말의 일관성을 지키려고 노력하지도 않는다. '아니면 말고' 식의 무책임한 태도 같기도 하다. 나더러 니체처럼 글을 쓰라고 한다면? 글쎄… 이것저것 온갖 시선들을 '배려'하는 나로서는 도저히 그렇게 못 할 것 같다. 그런데 희한하게도, 그런 니체의 '막말'은 무책임하다거나 편협하다고 느껴지지 않는다. 오히려 가볍다. 경쾌하다.

자기가 체험한 것에 대해 자기의 시선으로 말하는 니체. 그에 비해 '여성'에 관해 한 줄을 쓰기 위해서조차 '여성의 시선', '페미니스트의 시선', '올바른 남성의 시선' 등등을 진땀나게 고려하는 나. 나는 공정하고 니체는 편파적인가? 니체는 자기 자신에 사로잡혀 있고, 나는 나 자신으로부터 거리를 두는 것인가? 그런데, 그렇다면, 왜 니체는 그토록 가볍고 난 이토록 무거운가?

니체 속의 비-니체들

니체의 어떤 구절을 읽을 때, 나는 반항기와 자만심으로 가득 찬 패기 넘치는 청년의 얼굴로 그를 상상한다. 가령 니체가 『이 사람을 보라』에서 '나는 왜 이렇게 현명한지', '나는 왜 이렇게 영리한지', '나는 왜 이렇게 좋은 책들을 쓰는지'에 대해서 말할 때, 혹은 이전의 "모든 철학자들이 도덕의 유혹에 사로잡힌 상태에서 [자신들의 철학 체계를] 세웠"(니체, 『아침놀』서문, 니체전집 10, 박찬국 옮김, 2004, 12쪽)다고 말하면서 스스로 '최초'임을 자부할 때. 그런데 또 다른 구절들에서 니체는 '배움'을 강조한다. "언젠가 나는 법을 배우고자 하는 자는 먼저 서는 법, 걷는 법, 달리는 법, 기어오르는 법, 춤추는 법부터"(니체, 『차라투스트라는 이렇게 말했다』 니체전집 13, 정동호 옮김, 책세상, 2000, 322쪽) 배워야 한다고. "생소한 것에 대해 선의와 인내, 공정함과 온후함을"(니체, 『즐거운 학문』 334절, 니체전집 12, 안성찬·홍사현 옮김, 책세상, 2005, 302쪽) 베풂으로써 그것을 사랑하는 법을 배워야 한다고. 이런 구절들에서 연상되는 것은 삶에 통달한 현자의 모습이다. 어떤 구절에서는 한없이 냉소적이고 염세적인 니체를, 또 다른 구절에서는 더없이 쾌활하고 유머러스한 니체를 만나게 된다. 이들 모두가 니체다. 동시에 이 중 어느 것도 니체가 아니다.

이러한 모순적이고 비일관된 파편적 이미지들 사이에서 '진짜 니체'를 찾는다는 게 가능할까? 무엇이 니체의 가면이고, 무엇이 그의 맨얼굴일까? 어쩌면 나는 그동안 '니체'라는 하나의 자아를 상정해 놓고 구절마다 다르게 드러나는 니체의 모습들을 '모순'이나 '비일관'으로 치부해 오지 않았던가? 사실 나는 나 자신에 대해서도 그랬던 것 같다. '진짜 나'가 있다고 믿고 스스로에게 '나'이기를 요구했던 건 아닌지. '게으르다', '쿨하다', '공정하다', '평범하다', '솔직하다' 같은 자기규정들을 만들어 내고 재발견하면서 '진짜 나'에 대한 믿음을 스스로 더욱 공고하게 만들고 있었던 건 아 닌지.

니체의 책을 읽는 것이 니체와 만나는 일이라고 한다면, 그때 '니체'란 무엇일까? 분명 나는 '니체'라는 사람을 눈앞에 두고 있는 것은 아니다. 그럼에도 불구하고 내가 니체를 만났다고 한다면, 그 것은 그의 문장들이 만들어 내는 속도, 그가 사용하는 어휘의 색 채, 니체의 사유를 구성하는 글쓰기의 리듬, 그의 글 속에 내재해 있는 고유하고 다양한 에너지들을 통해서였다. 이런 힘들이 나를 관통할 때, 나는 니체를 느낀다. 니체의 책을 읽을 때 우리가 마주 하게 되는 것은 '니체'라는 실체가 아니라 그의 글 속에 잠재되어 있는 다양한 힘들이다. 나를 자극하고 나로 하여금 생각하고 글을 쓰도록 추동하는 것은 텍스트의 배후에 있는 하나의 자아나 인격 이 아니라 텍스트를 가로지르는 다양한 힘들인 것이다.

나 역시 마찬가지다. '진짜 나'라는 게 어디 있을까. 다른 것들 과의 관계 속에서 이러저러한 방식으로 드러나고 있는 게 나다. 나 를 만나는 사람들에게, 나 역시 하나의 완결되지 않은 텍스트처럼 경험되지 않을까? 내가 그들과 맺고 있는 관계 바깥에, 나와 그들 이 주고받는 다양한 힘들 바깥에 '진정한 나'가 따로 있는 게 아니 다. 그렇다면 내가 믿고 있던 '게으르고, 쿨하고, 공정하고, 평범하 고, 솔직한 나'라는 표상은 대체 어디에서 온 걸까? 내가 믿고 있는 '나', 내가 스스로에게 내린 자기규정이란 뭘까?

사실 자신을 규정하는 것은 불가능하다. 스스로를 규정하기 위해서는 타인의 시선을 경유해야만 한다. 나를 바라보는 누군가의 시선을 내면화하지 않는다면 '자의식'이란 것은 성립할 수조차 없다. 자의식을 갖는다는 것은 타인의 눈을 빌려 가까스로 자기 자신에 이르는 일에 다름 아닌 것이다. 그런 점에서, 자의식이란 곧 코드화된 타자의식이다. 자의식에 사로잡혀 있다는 것은 온 힘을 다해 자기 자신을 회피하고 있음을 의미한다. 타자들의 시선에 짓눌려 있음을 의미한다. 요컨대, 자의식으로 가득 차 있다는 것은 타사에 휘둘리는 '텅 빈 자신'의 허위와 기만인 것이다. 때문에 자의식으로 넘쳐나는 이들은 한없이 무겁다. 무겁게 거만하고, 무겁게 무력하다.

니체는 늘 '니체'를 넘쳐흐른다. 차갑지만 열정적이고, 진지하면서도 천진하고, 화려한 동시에 단순하고, 모호하고도 단호하며, 날카로우면서도 유연하다. 니체는 이러한 온갖 방식으로 스스로를 드러내는 데 주저함이 없다. 이것이야말로 니체의 '진솔함'이 아닐까? 그러니까 니체에게 없는 것은 바로 타인의 시선을 통해 자신에게 이르는 자의식의 메커니즘이었던 것이다. 1886년, 니체는 자신이 쓴 모든 책에 서문을 다시 써서 붙였다. 그 당시 자신의 신체 상태는 어땠고, 어떤 생각에 사로잡혀 있었으며, 무엇을 시도하고자 했고, 그 책을 쓰는 것이 자신에게는 어떤 경험이었는지를 구구절절 늘어놓는다. 여기서 니체는 자기 자신에 대해서가 아니라 '한때 니체 자신이었던 것'에 대해 말한다. 책도, 그 책을 쓸 당시의 니체도 그에게는 '하나의 니체'로 환원되지 않는 힘들이었던 것. 자신이 마주친 모든 것들인 니체, 동시에 그 중 어느 것도 아닌 니체. 예수, 바그너, 쇼펜하우어, 디오니소스… 매번 어딘가에 이르고 매번 그곳을 떠나는 니체들. 어디에도 얽매이지 않았으므로 그는 매번 솔직할 수 있었던 것이다.

그간 나는 내가 솔직하다고 생각했다. 무엇을 두고? 남들에게 빈말하지 않고, 자신의 감정을 과장하지 않고, 스스로를 포장하려 들지 않고… 그러나 실상 나는 관계의 실재성을 회피하고 그저 '나'인 채로 존재하고자 했던 것이 아닐까? 배려, 담백함, 정직성으로 이루어진 나의 솔직함이란 실은 모든 것들과 적정거리를 유지하는 일, 다치지도 다치게 하지도 않으면서 자기 자리를 고수하려던 것이 아니었을까? 그렇다. 나의 솔직함은 기만이었다. 내가 정해 놓은 선을 넘어선 안 된다는, 상대와 나 자신에 대한 경고.

정직함, 자신의 모순과 혼돈을 사는 힘

레오스 카락스의 영화 〈홀리 모터스〉의 부유한 사업가 오스카는 고급 리무진 홀리 모터스에 올라타며 하루를 시작한다. 그가 새벽부터 밤까지 파리 곳곳을 누비며 하는 일은 주어진 역할을 연기하는 것이다. 사업가, 광대, 걸인, 암살자, 가장… 영화 중반까지 '홀리 모터스'는 오스카와 오스카가 연기하는 역할들을 구분해 주는 경계로 기능한다. 우리는 홀리 모터스라는 하얀 리무진 안에서 다음 역할을 준비하는 것이 '진짜' 오스카의 맨얼굴이고, 차에서 내리는 순간부터는 그가 '연기'하는 가면이라고 여기게 된다. 그러나 레오스 카락스는 가면과 맨얼굴의 경계를 무참히 허물어 버린다. 오스

카는 어느 순간 홀리 모터스를 타고 있는 자기 자신을 연기한다. 그리고 밤이 되자 홀리 모터스는 그를 처음에 태운 곳이 아닌 낯선 곳에 내려놓고 차고로 돌아간다. '진짜 오스카'는 사라지고 그가 연기하는 '가면들'만 남은 것이다. 그렇다면 우리가 보고 믿었던 '오스카'는 누구인가? 그것은 어쩌면 그가 전날 마지막으로 연기한 또 다른 '가면'이었던 것은 아닐까?

우리는 자기 자신이 누구인지 알고 있(다고 믿는)다. '아들', '학생', '남자', '한국인', '소비자' 등등 수도 없이 많은 역할들을 '연기'하면서도 그러한 역할들 '배후'에 '진짜 나'가 있다고 믿는 거다. 우리가 알고 있고 믿고 있는 우리 자신의 정체는 무엇일까? 우리는 어떻게 우리를 분절하는 관계들과 역할들 바깥의 (혹은 이전의) 나에 이르게 되는 걸까? 그것은 의식을 자아와 동일시함으로써다. 의식은 우리의 모든 것을 아는 척, 우리의 모든 욕망을 지배하는 척하면서 '의식하는 나'야말로 '진짜 나'라고 믿게 만든다. 그러나 니체는 의식이, 아니 의식이야말로 '가면'이라고 말한다. '의식'은 "오로지 전달의 필요에서 오는 압력에 의해"(니체, 『즐거운 학문』 354절, 니체전집 12, 안성찬·홍사현 옮김, 책세상, 2005, 340쪽) 발전되었다. 우리의 '본질'이라고 믿고 있던 의식이란 사실은 사회적 관계 속에서 형성된 언어적 구성물에 불과한 것이다.

우리의 신체는 무한히 생각하고 감각하고 경험한다. 그 중 우리가 '나'라고 믿는 '의식된' 생각은 "가장 미미한 부분에 불과"하다. 언어(=전달의 기호)에 의해 납작하고 평평해진 감각과 경험과 생각, 그것이 의식이다. 즉, 의식이란 우리의 "지극히 개인적이고,

유일하며, 무한히 개별적"인 경험을 언어를 통해 '전달 가능한 것'으로 번역해 낸 결과물에 지나지 않는다. 그 때문에 "우리 각자가 자기 자신을 가능한 한 개인으로 이해하고, '자기 자신을 알고자 하는' 최선의 의지를 지니고 있다 해도 우리의 의식에 들어오는 것은 오로지 비개인적인 것, '평균적인 것'"(니체, 『즐거운 학문』 354절, 341~342쪽)뿐이다. 따라서 우리가 '진정한 나'가 있다고 믿고 그것을 붙들 때, 실상 우리는 '의식'을 매개로 삼아 사회적인 코드를 재생산하게 될 뿐이다.

나는 사회에 순응하고 싶지 않았다. 주어진 삶의 궤적을 따라가고 싶지 않았고, 사회적 쓸모를 재생산하면서 나를 갉아먹고 싶지 않았다. 그리고 그래왔다고 생각했다. 그런데 나의 저항은 딱 거기까지였다. 사회적 코드를 거부하기만 하면, 대학을 거부하고 노동을 거부하고 결혼을 거부하기만 하면, 온전히 '나'에 이를 수 있을 줄 알았다. 그러나 내가 이른 곳은 '나'에 대한 또 다른 규정이었다. 나는 나 자신에 대한 규정을 재생산하면서 이미 형성된 사회적 배치와 구도를 견고하게 만들고 있었다. 가령 '루저'라는 자기 규정은 어떤가? 우리는 "나는 루저다"라고 말하면서 그게 마치 모두에게 '위너'가 되기를 강요하는 사회에 대한 저항이라도 되는 양 행동한다. 그러나 '위너/루저'의 구도 자체를 파괴하지 않는 한 우리는 그 구도를 증오하면서 거기에 기생할 뿐이다. 문제는 사회가 부여한 '가면'을 벗고 우리의 '맨얼굴'에 이르는 것이 아니다. 맨얼굴은 없다. 문제는 맨얼굴을 되찾는 것이 아니라 여러 힘들을 경유하면서 능동적으로 가면들을 파괴하고 다시 생산하는 일이다.

모두에게 정직하고자 했던 나는 정작 나 자신에 솔직할 수 없었다. 나는 내가 규정한 '정직한 나'의 스탠스를 지키고자 했다. 자기 자신에 대해 내린 규정을 고수하기 위해 다가오는 이질적인 힘들을 걷어차면서 말이다. 나의 정직이란 '정직함'이라는 하나의 가면을 고집하는 일이었던 것이다. 그러나 니체는 '의무', '당위', '자기규정'에 사로잡히지 않고 다가오는 힘들 앞에서 온몸으로 휘청거릴 수 있는 것이야말로 정직이라고 말한다. 자아는 자신의 "보순과 혼란"을 통해서 "그 자신의 존재에 대하여 가장 정직하게"(니체, 『차라투스트라는 이렇게 말했다』 니체전집 13, 정동호 옮김, 책세상, 2000, 49쪽) 말한다. "신이 존재하지 않는 사막으로 가 자신의 우러러 공경하는 마음을 깨어 부순 자"(니체, 『차라투스트라는 이렇게 말했다』, 173쪽)만이 진실하다. 주어진 가치판단이나 어떤 '배후'도 믿지 않고 자신에게 다가오는 힘들과의 관계 속에서 그 힘을 빼앗고 빼앗기고 변형되고 변형시킬 수 있는 능력, 의식에 사로잡힌 자아를 깨고 기꺼이 힘들에 자신을 내맡길 수 있는 능력, 혼란스러움을 두려워하지 않을 수 있는 능력. 이것이 니체가 말한 '정직성'이었던 것이다.

나의 아침놀

앞에서도 말했지만, 나는 타인과의 관계에서 그닥 절실함이 없다. 타인보다는 자기 자신에게 집중하는 것이 당연한 일이라고 생각했다. 남들에게 자기 문제를 구구절절 털어놓고 남의 문제에 지나치게 관심을 보이면서 필요 이상의 오지랖을 떠는 사람들이 잘 이해되지 않았다. 저들은 타인에게 기대어 자기 문제를 회피하고 있는 것일지도 모른다고 의심했다. 남들이 내 문제를 해결해 줄 수 있는 것도 아니고, 내가 누군가의 문제를 대신 짊어질 수 있는 것도 아니다. 그러니 내게 '진심'을 강요하거나 내 앞에서 지나친 오지랖을 떨지는 말아 주길. 어차피 혼자 사는 인생 아닌가. 적정 거리를 유지하라! 이게 내 삶의 모토였다. 그러나 타인에 대한 무관심이 나 자신에 대한 충실함으로 이어지지는 않았다. 사람들과, 세계와의 '적정 거리'는 동시에 나 자신과의 '적정 거리'를 강요하고 있었다. 나는 나, 너는 너, 세계는 세계.

> 나는 인도에서는 붓다였고, 그리스에선 디오니소스였습니다. 알렉산더와 카이사르는 나의 현현이며 셰익스피어와 바콘 경도 그와 한 가지입니다. 근래의 나는 볼테르였으며 나폴레옹이었고 어쩌면 리하르트 바그너이기도 했습니다. 그러나 지금의 나는 무적의 디오니소스이며 지상에 축제를 불러오는 자입니다.(니체, 「코지마 바그너에게 보내는 편지」 1889년 1월 3일)

니체에게는 세계가 곧 자기 자신이었다. 역사의 모든 이름들이 그 자신이었다. 니체에게는 고정된 것으로서의 '세계'도, '자기 자신'도 없었다. 대상세계와 '나'라는 독립된 자아가 있는 것이 아니라, 힘들의 전쟁터로서의 세계에서 다른 힘들과 접속하고 절단하면서 다양한 상태들을 주파하며 '나'라는 주체를 생산하는 힘들의 다발이 있을 뿐이었다. 가면들을 바꿔 쓸 수 있는 힘, 여러 상태들을 경유할 수 있는 접속의 역량. 그것이 니체를 니체이게 하는 힘이었다. 니체가 붕괴하고 만 것은, 그가 접속능력을 잃고 '광기'라는 하나의 가면에 고착되었을 때다.

나는 다른 이들에게 마음을 주지 않는다는 말을 종종 듣곤 한다. 그런 말들을 들을 때마다 남들에게 마음을 주고 말고 하는 것은 부차적인 일이라고, 내가 내 앞가림만 잘 하면 남들과 관계 맺는 문제는 자연히 해결될 거라고 생각했다. 우습게도, 내가 '훌륭한 사람'이 되면 관계는 저절로 잘 풀릴 거라고 생각했나 보다. 그러나 나는 그저 두려워했던 게 아닐까. 관계가 변형되고, 익숙한 감정의 균형이 깨지고, 선을 넘게 되는 것을.

내 취향이 그런 나를 증언한다. 나는 '적당히' 파격적이고 '적당히' 낯설고 '적당히' 심오한 것들을 좋아한다. 낯선 사운드로 익숙한 멜로디를 연주하는, '불쾌감'이 들지 않을 정도까지만 신선한 음악을, 익숙한 플롯을 살짝 변주하는 세련된 소설을, 대놓고 상업적이지 않지만 지나치게 예술적이지도 않은 영화를. 사람에 대해서도 그랬다. 나와 '코드'가 맞는 사람, 정해진 선 이상으로 나를 침범하지 않는 사람이어야 했다. 그렇게 나는 용납 가능한 것들만을 받아들이고 그것들과만 관계해 왔다. 그러니 나 자신에게 진실할 수 있었겠는가. 한 번도 나의 한계, 내가 휘청거리게 되는 지점과 마주하지 않았으니.

고백하자면, 나의 니체 읽기도 처음엔 그랬다. 강력한 아군 니체와 더불어 '인간적인 것들'을 비웃으며 니체의 구절들을 소화 가능한 방식으로만 받아들였다. 나의 세계-해석에 니체를 덧씌워 그 것을 더욱 공고히 하면서. 그러다 드디어! 『아침놀』을 읽으면서 나는, 나와 그리고 나의 니체가 더 이상 이전과 같은 곳에 있을 수 없게 되었음을 느꼈다. 파괴적 비판이 아니라 유쾌한 실험을 시작하는 니체. 나는 그로부터 기묘한 겸손과 예리한 투박함을 배우기 시작했다. 세상에는 어떤 사소한 것도 없다는 것. 내가 무시했던 모든 것들이 사유의 재료가 된다는 것. 세상에는 어떤 확실한 것도 없지만, 바로 그 '무규정성'과 모호함이야말로 내가 무언가를 시작할 수 있는 바탕이라는 것. 그 순간, 안전한 거리 속에서 젠 체하며 모든 것들을 판단했던 왜소한 난쟁이——내 모습이 보이기 시작했다. 이렇게, 이제야 나는 비로소, 솔직해지기 시작한 것이다.

3부

우상의 황혼, 나의 서광

이제, 더 이상, 그러고 싶지 않습니다

춤 한 번 추지 않은 날은
아예 잃어버린 날로 치자!
그리고 큰 웃음 하나 함께하지 않는 진리는
모두 거짓으로 간주하자!

— 니체, 『차라투스트라는 이렇게 말했다』,
니체전집 13, 정동호 옮김, 책세상, 2000, 348쪽

　　　　　나로 하여금 철학을 하도록 추동하는 것은 뭘까? 철학이라는 말이 너무 거창하다면, 무엇이 이전에는 해보지 않은 방식으로 생각하고 고민하고 질문하게 하는 걸까? 나는 그것이 자신이 놓인 구체적 현실로부터 비롯되는 어떤 '참을 수 없음'이라고 생각한다. 그 구체적 현실이란, 자신을 길들이고 구속하려는 국가권력의 폭압일 수도 있고, 자신의 현존을 부정하게 만드는 사회적 통념일 수도 있고, 인간 실존의 허무함 자체일 수도 있다. 그럴 때, 철학은 현실에 '적응'하게끔 하는 삶의 처세술을 제공하거나 현실과 '화해' 하도록 하는 위로의 말을 건네는 대신, 각자가 느끼는 참을 수 없음에 직면하게끔 해준다고 생각한다. 나는 나 자신이 만들어 낸 환상에 직면하는 과정에서 내가 무엇을 참아왔는지, 무엇을 참을 수 없었는지, 무엇을 참아내고 싶지 않은지를 알게 되었다. 새로운 교양주의, 무력하고 관념적인 저항, 스스로를 예속화시키는 자유에 대한 표상, 언어에 대한 지독한 무지와 무능… 나는 이제 '한때 나 자신이었던 것들'과의 싸움을 시작하려 한다. '나'를 고수하고 '너'를 무력하게 만드는 반동적 투쟁이 아니라 '나'를 나로부터, '너'를 너로부터 떠나게 하는 능동적 투쟁. 이 글이 내게 경쾌한 춤과 유쾌한 웃음을 허용하지 않는 모든 것들, 나의 발걸음을 무겁게 하고 내 얼굴을 진지함으로 경직되게 만든 모든 것들에게 당당하게 "이제, 더 이상, 그러고 싶지 않습니다"라고 외치는 능동적 부정의 순간이기를.

12장 참을 수 없는 교양의 공허함

새로운 교양주의의 도래?

얼굴과 사지에 쉰 개나 되는 얼룩을 칠하고 거기 그렇게 앉아 나를 놀라게 했으니, 오늘을 살고 있는 자들이여!

너희가 연출한 색채의 놀이에 교태를 부리며 흉내를 내는, 쉰 개나 되는 거울을 주변에 두고 말이다!

오늘을 살고 있는 자들이여, 진정, 너희 자신의 얼굴보다 더 그럴싸한 탈을 너희는 쓸 수 없으리라! 그 누가 너희를 알아볼 수 있겠는가?

지난날의 기호들로 가득 쓰이고, 그것들을 새로운 기호로 덧칠한 채. 이렇게 너희는 기호를 해독해 내는 모든 사람들로부터 너희 자신을 잘도 숨겨 왔다!

(……)

너희가 쓰고 있는 베일을 뚫고 온갖 시대와 민족이 다채롭게 내

다보고 있구나. 온갖 습속과 신앙이 너희 자태 속에서 다채롭게 지껄여 대고 있는 것이다.

너희 가운데 누군가가 베일과 덧옷, 분칠과 거동을 벗어 버린다면, 겨우 새들이나 놀라게 할 정도의 것이 남게 되리라.

(니체, 『차라투스트라는 이렇게 말했다』 니체전집 13, 정동호 옮김, 책세상, 2000, 202~203쪽)

니체가 살았던 19세기 유럽, 앎은 신분으로부터 해방되었다. 귀족들의 특권이었던 지식이 부르주아를 위시한 대중들의 영역으로 내려온 것이다. '시대에 맞지 않는'(unzeitgemäß) 인간인 우리의 니체는, 모두가 '인류의 위대한 진보'라며 떠받들었을 법한 이러한 현상을 삐딱하게 바라본다. 그가 보기에 신분이라는 견고한 뿌리로부터 해방된 앎은 고작해야 새로운 집단의식의 형성으로 귀결되었을 뿐이다. 지식의 대중화와 함께 앎은 체화하고 연마해야 할 무엇에서 소유의 대상으로, 독특한 삶의 양식을 만들어 내는 도구에서 집단성을 표시해 주는 일종의 '유니폼'으로 변화했다. 이러한 새로운 형태의 앎을 니체는 '속물 교양'이라고 명명한다. 삶과 문화로부터 유리된, 허구적이고 비생산적인 지식. 속물 교양인들은 과거의 어느 누구보다도 많은 양의 지식을 소유하고 있지만 그것은 그들 자신의 빈약함을 가리는 베일, 덧옷, 분칠에 불과하다. 이들의 앎에서 "무엇을 위해? 어디로? 어디에서?" 따위의 질문은 실종되었다. 무엇도 직접 탐구하지 않으면서 스스로를 '주어진' 모든 지적이고 문화적인 유산의 상속자로 여기는 당대 교양주의의 '왜소함'을 니체는 혐오했다. 그가 보기에 이들이 자랑하는 교양주의란 결국 무리 속에 숨어 여론을 재생산하는 일에 지나지 않았던 것이다.

'먹방'이 한물간 지금, 대세는 '교양예능'이다. 이제 우리는 마음도 살찌우고 싶다. 〈알·쓸·신·잡〉을 비롯한 '교양예능'들의 흥행과 〈지·대·넓·얕〉, 〈빨간책방〉 등의 '교양 팟캐스트'의 부상, 그리고 허지웅·조승연·설민석 등 '지식 셀러브리티'들의 등장. '교양'은 말 그대로 '핫'하다. 음식사진들로 도배되었던 SNS를 자신이 읽은 시 구절을 찍어 올린 사진들이 대신하기 시작하고, 상대의 지성에 성적 매력을 느끼는 사람이라는 뜻의 '사피오 섹슈얼'이라는 말이 유행한다. 새로운 교양주의의 도래일까?

나는 '진보 꼰대'가 싫어요!

예나 지금이나 '지식', '지식인'과 같은 단어들은 내게 그다지 긍정적인 울림으로 다가오지 않는다. 단어 자체부터가 벌써 촌스럽고 올드해 보인달까? 특히 '지식인'이라는 말에 부여된 특권 내지는 무게감(?)에 대한 반감은 내 또래들 대부분이 공유하고 있는 부분인 것 같다. 물론 지성 일반을 거부하는 것은 아니다. 내가 견딜 수 없는 것은 지식이나 지식인 자체가 아니라 그들이 자임하는 '전체성'이다. '민족'이나 '역사', '정의', '진보' 같은 거대한 말을 들먹이며 내게 역사적 위치를 부여하고 특정한 방향성을 강요하려 드는 모든 것들. 내가 참을 수 없는 것은 '부당한' 권력이나 반지성적이고 비이성적인 폭력 같은 것이 아니다. 오히려 내가 견디지 못하는 것은 '강요된 올바름'이고 그러한 '올바름의 강요'다.

내가 다닌 대안학교는 권위에 의한 신체적 체벌과 언어폭력이 아주 예외적인 경우에만 (특정 교사의 독단으로) 행해지는 곳이었다. 그래봐야 보잘 것 없는 수준이지만 제도권의 학교들에 비하면 상대적으로 많은 자율이 허용되는 곳이기도 했다. 그럼에도 불구하고 내가 거기서 억압을 느꼈다고 하면? 물론 그 억압은 나를 위에서 찍어 누르는 강제적 힘에 대한 것은 아니었다. 그것은 정치적·윤리적 당위로 무장한 교사들(어른들)에 대해 느끼는 답답함 내지는 환멸감 같은 것이었다. 그들은 이념적으로 '진보적'이고 소위 '깨어 있다'고 불릴 법한 사람들이다. '더 나은 세상'을 꿈꾸고 소수자와의 연대를 강조하고 다양성을 포용하고자 노력하는…. 그러나 그들의 감성과 그들의 일상적 행위가 드러나는 방식은 보수적이기 짝이 없었다. 자고로 학생이라면 …, 적어도 학교에서는 …, 그래도 대학은 가야…, 나는 그들로부터 이런 말들을 심심치 않게 들을 수 있었다. 그들은 자주 자신들이 부정하는 권위를 스스로 재생산하고 또 거기에 의지하곤 했다.

처음에는 그것이 이념과 실천 사이의 모순일 거라고 생각했다. 그러나 사실 그들의 이념과 감성은 처음부터 완벽하게 일치하고 있었는지도 모르겠다. 그들에게는 절대적인 '올바름'이 있고 '나아가야 할 길'의 방향성이 주어져 있다. 내 눈에 '진보 어른'들은 중심과 질서를 욕망하고 생산한다는 점에서 그들이 맞서 싸운 '부당한' 권력과 질적으로 다르지 않아 보였다. '부당한' 권위와 '정당

'한' 권위는 우리의 행위를 특정한 방식으로 인도하려고 든다는 점에서는 별반 다르지 않다. 내가 학교와 선생들에게 참을 수 없었던 것은 이념의 보수성이 아니라, 말하자면 감성의 진부함이었다. 지금 20대들이 가장 혐오하는 집단 중 하나가 바로 '진보 꼰대'다. '진보 개저씨'로 불리는, 자기쇄신을 하지 않는 386세대들. 나는 그들이 내세우는 '정의'와 그들의 다수적(남성적?) 감수성 모두에 무의식적 차원의 저항감을 느낀다. 앎에 있어서도 마찬가지다. 나는 우리의 세계사적(?) 위치를 이해하게 하고, 내게 비전을 제시해 주고, 나로 하여금 진리를 깨닫게 하는 지식과 지식인에게 거부감을 느낀다. 구루나 멘토 따위는 더 이상 필요 없다!

나와 내 또래가 훨씬 더 쉽게 공감할 수 있는 지식인은 허지웅 같은 인물들이다. 허지웅은 결코 대변하려 들거나 가르치려 들지 않는다. 오히려 그렇게 하려는 이들과 싸운다. 우리는 파편적일지언정 우리에게 문화적 풍요로움과 낯선 관점, 소소한 통찰을 제공하는 '지식 소매상'을 원한다. 우리의 지식인, 우리가 공감할 수 있는 지식 셀럽들은 모두 '지식인의 의무'로부터 자유롭다. 누구도 이들 앞에서 '의무'를 들먹일 생각은 하지 않을 거다. 정치성이 결여되어 있다고 이들을 비난하는 건 이미 촌스러운 짓이 되어 버렸기 때문이다. '총체적 지식인'을 자처하지 않고, 앎을 자신의 올바름을 강요하는 도구로 사용하지 않으려는 태도야말로 이들의 정치적 입장이라고까지 말할 수 있을 것이다.

우리에게 지식은 '교양'보다는 '취향'과 연관된다. 더 이상 지식은 무리 속에서 자신을 확인하기 위한 도구가 아니다. 오히려 그것은 무리와 자신을 구별해 내는 기제다. 우리에게 중요한 것은 '위대한 소설', '위대한 영화'가 아니라 '내가 본 소설', '내가 본 영화'다. 우리가 거부하는 것은 '맥락'과 '역사성'이다. 중요한 것은 내가 좋아하는 영화·소설을 둘러싸고 형성된 '나의 맥락'이지 그것이 놓여 있는 시대적·역사적 맥락 따위가 아니다. 중요한 것은 모두가 공인하는 그 작품의 위대함이 아니라 그 작품으로부터 '내가 느낀 것'이다.

철학도 마찬가지다. 우리는 지금 당장 삶을 다르게 느끼게끔 하는 멋진 구절 하나를 원하지, 개념의 맥락이나 철학사 전체를 필요로 하지는 않는다. 우리는 파편적인 앎들을 모자이크하듯 이어 붙여 각자의 취향과 세계를 구성한다. 우리는 마치 웹서핑을 하듯 이곳저곳을 떠다니며 우연적으로 유연하게 이러저러한 앎들과 접속한다. 우리의 앎은 역사적인 맥락, 집단의식, 윤리적 당위, 정치적 당파성, 학문적 권위 같은 것들로부터 자유롭다.

내가 원했던 것은 '세련된 지식인'이다. 지금의 지식 셀럽들을 보라. 그들은 결코 '해야 한다'라고 말하지 않는다. 팟캐스트 〈지·대·넓·얕〉의 진행자인 채사장은 '인문학 공부 하지 마라'라는 제목의 공개강연을 한 적이 있다. '인문학'을 공부와 책 읽기에 한정함으로써 또 다른 강박관념을 만들어 낼 것이 아니라 영화를 보고, 그림을 그리고, 친구와 깊이 있는 대화를 나누는 등의 방법으로 삶을 행복하고 풍요롭게 만들라는 것이다. 그렇다. 공부조차도 당위가 되어서는 안 된다. 세상에 꼭 해야 할 일이나 꼭 알아야 할 지식 같은 건 없다. 그런 게 어디에 있는 것처럼 구는 사람들은 대개 타인에게 자신의 이상이나 삶의 양식을 강요하려는 의도를 숨기고 있게 마련이다. 나는 그런 자들이 내세우는 '보편'이 너무나 거북스러웠다. 나는 지식을 소유함으로써 보편적 '교양'과 '상식'을 갖추기보다는 파편적 앎들을 임시적으로 점유해 가면서 지적이고 세련된 '나'를 구성하길 원했다. 그것이 내가 욕망한 지성이었다.

참을 수 없는 교양의 공허함

그렇다. 한동안 나는 지식 셀럽들과 그들의 삶에 끌렸다. '진보 꼰대'들과는 달리 그들은 무게 잡지 않고 신선한 이야기들을 들려준다. 자기가 하는 일에 대해서 거창한 (정치적·시대적·윤리적) 의미를 부여하지도 않는다. 그저 자신들의 지식을 재료로 삼아 작은 기쁨을 생산할 뿐이다. 균형 잡힌 비판과 적절한 윤리의식, 예술과 문화의 향유, 세련된 지적 수다와 거기에 따르는 약간의 돈과 명예 등등으로 충만한 라이프스타일. 난 이들의 태도가 차라리 솔직하고 정직한 게 아닐까 생각했다. 그래서 내가 하게 될(하고 있는) 공부도 큰 맥락에서 보면 이들의 활동과 다르지 않을 거라고 생각했다. 책을 읽고 글을 써서 사람들과 소소한 즐거움을 나누고 거창하지 않은 통찰들을 길어 올리기. 당위나 당파성 따위는 버리고 하고 싶은 말을 하면서 자유롭고 가볍게 살기. 어떤 집단의식에도 동조하지 않고 감정에 호소하지도 않고 타인에게 상처 입히지도 않으면서 고고하게 나의 지성과 취향을 향유하기. 이 정도면 훌륭하지 않을까….

그런데 공부를 할수록 혼란스럽다. 그 가벼움과 솔직함이 썩 유쾌하거나 고귀하게 느껴지지 않기 때문이다. 그러다가 니체, 푸코, 들뢰즈, 루쉰… 일천하게나마 이들을 읽으면서 나는 다른 지식인의 가능성을 생각하게 되었다. 내가 싫어한 '진보 꼰대'도 아니고, 내가 추종했던 '세련된 지식인'도 아닌, 모든 도그마를 거부하고 끊임없이 자기로부터 떠나는 실험적 지식인을.

지식 셀럽들은 참으로 매끄럽고 유연해 보인다. 그들은 새로운 생각을 쉽게 받아들이고, 다른 앎들과 경계 없이 접속하며, 타자를 함부로 규정지으려 하지 않는다. 이러한 새로운 지성을 상징하는 것은 온갖 전집들과 사전들이 빽빽하게 구비되어 있는 서재가 아니라 구글의 텅 빈 초기화면이다. 이들 새로운 지식인들은 접속하고 가로지르며 소통한다. 새로운 플랫폼들을 활용하여 익명의 독자들이나 청자들과 교류한다. SNS에서 독자들과 대화하고, 유튜브에 강연을 올리고, TV 예능 출연도 꺼리지 않는다. '지식인'이라는 자의식 따위는 없다. 그런데 간혹, 나는 이러한 '유연한 소통'이 공허하게 느껴지곤 한다. 이 자유로운 접속과 소통에 뚜렷한 경계가 그어져 있기 때문이다.

지식 셀럽들의 이러한 접속과 소통은 각자를 자신들이 서 있던 위치로부터 떠나게 하고 서로의 영토를 허물어뜨리기는커녕 '자기 자신'을 점점 더 견고하게 강화하는 것으로 귀결되는 것처럼 보인다. 혹시 이들은 접속과 소통의 '역량'을 발휘하는 것이 아니라 접속과 소통이라는 '이미지'를 소비하고 있는 게 아닐까? 이들은 '프라이버시'를 더없이 소중하게 여기며 앎에서조차 보호하고 존중해야 할 어떤 사적인 영역을 상정하는 것처럼 보인다. 아무리 열심히 소통하고 논쟁적으로 토론하더라도 거기에는 항상 넘어서는 안 될 불가침의 영역이 있다. '내 생각', '내 견해'라는 바꿀 수 없는 무언가가 있는 거다. 그래서 대개 논쟁은 견해의 차이를 확인하는 것으로 마무리되고, 소통은 취향의 일치를 확인하는 것으로 끝난다.

나는 한때 지식 셀럽들에게서 '나의 머물 곳'을 발견했다. 그러나 이제는 그 '머물 곳'이 참을 수 없게 느껴진다. 그들이 온갖 앎들을 경유하여 도달하는 곳은 결국 최초에 자기 자신이 놓여 있던 바로 그 자리가 아닐까? 나를 매료시켰던 그 모든 세련된 지성은 사실 자신의 영토를 치장하고 더욱 견고하게 만드는 수단일 뿐인 것은 아닌가? '균형 잡힌' 시각과 쉽게 와 닿는 언어로 풀어낸 지식들을 소비하는 그들의 독자들처럼, 혹시 그들 또한 지식을 소소한 만족감과 그럴듯한 통찰을 제공하는 수단으로 여기는 앎의 소비자들이 아닐까? 이들이 견지한 세련됨과 가벼움이란, 자신의 성(城)을 사수하려는 방어적 쪼잔함이며, 언제든 '쿨한 척' 물러날 준비를 하고 있는 비겁함이 아닐까? 어느 순간부터, 세련된 지성과 가벼운 태도 뒤에 숨은 이들의 왜소한 민낯이 보이기 시작했다.

니체가 19세기 '속물 교양'을 비판했던 것도 그런 '왜소함' 때문이었다. 니체의 눈에 박식함으로 무장한 그들이 왜소하게 보였던 것은 속물 교양인들이 '안전한 영토' 안에 머무르고자 했기 때문이다. 그들은 그 자체로 '시도'이고 '실험'이었던 온갖 시대와 민족의 문화들을 박제시킨 채 그것을 그저 '소유'하려 들었다. 자신을 떠나지 않으려는 자에게 앎은 장식품일 뿐이다. 아무것도 파괴하지 않으면서 안전하게 "지난날의 기호들" 위에 "새로운 기호"를 덧칠하는 자들. 지식이 소유와 소비의 대상인 한 필연적으로 공허가 뒤따를 수밖에 없다. 소유란 계속해서 더 새롭고 놀라운 것을 소유함으로써만 충족되기 때문이다. 그래서일까? 접근할 수 있는 앎의 영역은 무한히 넓어지고, 교양의 폭은 더없이 화려해졌지만, 우리는 별로 기쁘지 않다.

나의 공부는 어디에 와 있나? 내가 지향한 '세련된 삶'이란 무엇이었던가? 지금 내가 하고 있는 공부와 글쓰기는 '세련됨'을 허용하지 않는 측면이 있다. 특히 글쓰기는 내가 멈춰 선 지점이 어디고 내가 몸을 사리는 순간이 언제인지를 너무나 잘 보여 준다. '자기 안에 머물기'를 허용하지 않는 거다. 그리고 내가 새롭게 발견한 공부의 기쁨도 바로 여기에 있다. 나는 공부를 하면서 그동안 나로 하여금 자신을 그럴듯한 존재로 느끼고 스스로를 긍정하도록 해주었던, 한때는 그것이 아니라면 나 자신으로 존재할 수 없을 것이라고 믿었던 관념들과 전제들을 조금씩 깨 나가고 있다. 그와 동시에 이전과 다른 방식으로 해석하고 평가하기를 시도하는 기쁨을 알아가고 있는 중이다. 그런 기쁨은 어떤 허세도, 세련됨을 가장한 '지적 균형성'도 필요로 하지 않는다. 그 기쁨 주위에는 오히려 투박한 무지와 치우침, 혼돈스러움이 어슬렁거리고 있다. 그런 나 자신을 이해하는 바로 그만큼만, 스스로를 비하하지도 포장하지도 않고 나 자신과 마주할 수 있음을 알게 되었다. 이제 내게 공부는 싸움이다. 나를 포장하기 위한 노력이 아니라 나를 떠나기 위한 싸움이다. 그렇게 나는 '교양'으로부터 점점 멀어져 가고 있다. 기쁘게.

13장 관념적 저항에 저항하라

권위를 혐오하면서 승인하는 나

나는 '권위에 저항한다!'고 생각했다. 부끄러운 고백이지만, 내 머릿속에서 나는 권위에 복종하지 않는 뻐딱한 아웃사이더다. 이러한 자기규정을 토대로, 나는 거기에 부합하는 나 자신의 면모들만을 본다. 10대 시절 '진보 꼰대' 선생들과 마찰했던 나, 학교에서도 군대에서도 '윗사람'들과 담을 쌓고 살았던 나, 알바를 하면 늘 사장이나 점장에게 막 대하기 힘든 불편한 존재가 되었던 나, 지시와 명령에 무의식적 차원의 거부감을 느끼는 나, 타인에게 함부로 힘을 행사하지 않으려고 조심하는 나. 나는 이런 조각들을 그러모아 '수직적 위계질서에 저항하고 자율과 수평적 관계를 선호하는 나'라는 이미지를 조립했다.

그런데 이 그림에 들어맞지 않는 조각들도 더러 보인다. 어떤 사람들은 나를 조용하고 건실한 청년으로 알고 있다. 어디서든 '윗 사람'들과 잘 어울리지 못했던 것은 사실이지만, 그렇다고 내가 그들의 눈에 특별히 거슬리는 존재였던 적도 없다. 군대에서도 간부들이나 선임들과 별다른 트러블 한 번 일으킨 적이 없었으니 말이다. 명령을 받는 걸 싫어하지만 그렇다고 능동적으로 명령을 거부하지는 않는다. "자유롭게 살겠어!"라고 외치며 학교나 집, 직장으로부터 뛰쳐나오는 타입은 결코 아니다. 난 늘 권위의 '부당함'에 대해 불평해 왔지만, 사실은 그것과 너무나도 매끄럽게 공존하고 있었는지도.

아무렴 어떠랴, 나는 고결한 아웃사이더를 꿈꾼다. 어떤 권위에도 무릎 꿇지 않을 거다! 그런데 문득 어느새 습관으로 굳어져 버린 나의 반응양식이 의문스러워지기 시작했다. 어떤 말이 되었든 '명령'이라는 형태로 주어지면 거부감부터 느끼고, '의무'라 생각되면 금세 의욕을 상실해 버린다. 한마디로 나는 '강제'에 너무나 취약하다. 쓰고 싶었던 글도 마감이 정해지고 나면 버거운 '과제'가 되어 버린다. '해야 하는 일'이 되어 버리는 순간 어떻게든 미루고만 싶어진다. 그런데 사실 나에게 강제력을 발휘하는 것은 꼭 권위와 위계질서만은 아니다. 다른 사람들의 호의와 관심이 외부로부터 주어진 명령이나 규칙보다도 훨씬 큰 부담으로 작용하기도 한다. 솔직히 말하면, 그러한 호의로부터 도망치고 싶은 때도 종종 있다. 나를 향한 호의와 관심조차 감당하지 못하는, 아니 감당하지 않으려 드는 나. 이런 나의 모습을 긍정하기가 점점 힘들어진다. 어디서 뭘 하든 다종다양한 힘들이 내 삶에 작동할 텐데, 지금과 같은 방식이라면 나는 언제까지고 수동적일 수밖에 없다. 나의 저항은 어째서 점점 나를 무력하게 만드는 걸까? 나는 정말 권위에 '저항'하고 있었나? 어쩌면, 권위를 노려보면서 거기에 기생하고 있었던 것은 아닌가?

나, 또 다른 아담

> 아담에게 주어진 명령은 단지 이러할 뿐이다. 즉, 신이 우리에게 자연적 지성을 통해 독이 치명적이라는 것을 계시해 주는 것과 동일한 방식으로, 선악과를 먹는 것이 아담으로 하여금 죽음에 이르게 된다는 것을 계시한 것뿐이다.(바루흐 스피노자, 「19번째 편지」)

스피노자에 따르면, 아담이 자신의 자유를 상실한 것은 그가 신의 명령을 '위반'했기 때문이 아니라 신의 계시를 '금지'로밖에는 해석하지 못했기 때문이다. 사실 선악과는 그 자체로 선한 것도 악한 것도 아니다. 단지 인간의 신체와 결합할 때 인간의 그것을 해체하는 방식으로 작동할 뿐이다. 신은 우리가 경험을 통해 알 수 있는 것과 같은 유용한 앎을 계시했을 뿐인데, 아담은 그것을 복종이나 위반을 내포한 도덕적 명령으로 '해석'한 것이다. 아담과 같은 무지한 해석자는 모든 것들을 도덕적 당위로 만들어 버린다. 그리고 그런 무지야말로 이들이 받고 있는 벌이며 부자유다.

스피노자의 이러한 해석을 처음 접했을 때, 솔직히 나는 반발심이 들었다. 그래도 금지는 금지 아닌가? 신이 그렇게 말하는데,

벌거벗은 나약한 인간 아담에게 다른 해석의 여지가 있었을까? 아담의 사유를 불가능하게 한 것은 '신의 목소리'가 지닌 위압적인 힘이 아니었을까? 명령과 금지, 억압, 복종을 강요하는 권위, 이런 것들은 우리 주변에 실재하지 않나? 분명히 지금 여기에는 '쓸모'를 가질 것을 강요하는 사회가 있고, 우리에게 힘을 행사하는 억압적 권력이 있고, 소비와 결부된 환상을 생산하고 주입하는 자본이 있다. 그렇디면, 신의 목소리를 금지로 받아들인 아담을 탓할 수 있을까? 신의 계시를 능동적으로 해석해야 한다는 말은, 모든 것은 생각하기 나름이라고 말하는 공허한 긍정론과 어떻게 다른 거지? 이 정도가 내가 느낀 반발심이다.

분명 우리를 이러저러한 방식으로 규정짓고 제약하는 힘들은 실재한다. 나는 항상 이러한 힘들이 '실재한다'는 데에서 멈췄다. 나의 경우, 내게 별다른 터치를 하지 않는 부모님의 영향 아래에서, 자율을 중시하는 대안학교를 다니며 상대적으로 구속력이 덜한 환경 속에서 살아왔다. 그래서 자유로웠느냐고 묻는다면… 딱히 그렇지도 않았다. 내가 대안학교에서 마주한 것은 결국 여기에도 권위와 강제가 '실재한다'는 사실이었다. 아무리 훌륭한 가치들을 내걸어 봐야 학교인 한 구속과 억압은 존재할 수밖에 없었다. 그리고 나는 그 안에서 '내가 이만큼이나 자유롭구나'가 아니라 '여기도 다르지 않구나'라고 느꼈다. '구속'과 '권력'이 '실재한다'는 사실이 나를 옥죄었다. 여기가 내 생각이 멈추는 지점이다. 그러니까, 그렇게 '실재하는' 것에 대한 부정과 거부를 통해서밖에는 저항할 수 없었다. 그러나 강제력은 어디에든 있다. 모든 외부적인 힘들로부터 자유롭고자 한다면 이불 밖으로 한 걸음도 나갈 수가 없다. 때문에 나의 저항은 작동 불가능했다. 맞다. 나는 저항하지 않았다.

그러나 실은 '권력이 실재한다'는 것은 무엇도 말해 주지 않는다. 권력은 언제나 매우 구체적인 관계 속에서 독특한 방식으로 작동하고 있기 때문이다. 나는 어떤가. 나 역시 나를 가로지르는, '나'로 규정되기 이전의 힘들의 투쟁의 결과로서만 존재한다. 어떤 실체로서의 권력도, 그것과 무관한 자리에 있는 나도 없다. 내게 작용하는 힘들 이전의 나는 없고, 내 해석과 무관한 힘(권력)도 없다. 따라서 유효한 질문은, '거기에 권력이 존재하는가'나 '그것은 정당한 권력인가'가 아니라, '권력은 지금 나를 어떤 방식으로 생산하고 있는가', '나는 권력을 어떻게 해석(혹은 재생산)하고 있는가'이다. 스피노자는 '그가 할 수 있었던 것'과의 관계에서 아담을 비난하거나, 그가 신의 뜻을 잘못 이해했다고 나무라지 않았다. 다만 아담의 해석이 얼마나 무력하고 궁핍한 것인지를 보여 준 것이다. 아담은, (아담도 아닌) 나는 권력을 '어쩔 수 없는 것'으로 해석했다. 권력을 '해석 불가능한 실체'로 '해석'한 것이다. 이러한 해석은 '위반'과 '거부' 외에 어떤 다른 저항의 가능성도 차단해 버린다. 다른 해석과 다른 관계 맺기의 시도가 불가능해져 버리는 것이다.

나는 권위와 의무, 강제가 싫었다. 그러나 아무것도 하지 않았다. 대안학교라는 공간이 지닌 가능성들을 활용하지도, '학교'라는 틀 자체를 떠나 보는 실험을 하지도, 나의 영역을 구축하고자 노력하지도 않았다. 그저 거부와 부정 외에는 할 게 없었다. 그러나 거부하는 동안에도 나는 이미 그러한 힘들에 의해 규정되고 있었다. 그것도 가장 무력한 방식으로. 은밀하게 권위에 복종하고 그것을 재생산하는 나를 본다. 가령 '텍스트'의 권위에 복종하는 나. 즉, 나의 구체적인 느낌들과 경험들 속에서 니체를 만나기보다는 그의 말들에 붙들려서 그럴듯한 말들만을 되풀이하려 드는 나, 사소한 명령들에는 기분 나빠하면서 정작 관성에 복종하여 '되는 대로' 삶을 살아온 나를 말이다. 모든 구속력을 해석의 여지가 없는 자명한 것으로 간주하는 나의 해석은 무력한 복종들을 생산했고, 역으로 복종들은 무지한 해석을 강화했다.

사실 권위에 대한 나의 반감과 의무에 대한 거부는 저항이라기보다는 회피에 가까웠다. 나는 그런 걸 원한 적 없다고 변명하면서 내가 마주친 힘들을 회피했던 것이다. 그러나 회피란 결국 복종일 뿐이다. 그리고 권력의 부당함이나 나의 (상대적인) 무력함은 나의 복종을 정당화해 주지 않는다. 스피노자가 말하고자 했던 것은, "뭐든 긍정적으로 보려고 노력해라, 어른들(?) 말씀 틀린 거 하나도 없다" 따위가 아니라, "신조차도 너를 일방적으로 규정하도록 내버려 두지 말라"는 게 아니었을까.

공허하고 무력한 거부

나와 내 또래들은 거부에 능하다. 좋아하는 건 애매해도 싫어하는 게 뭔지는 확실하다. 명령하고 강요하는 꼰대들, 우리의 삶을 갉아

먹는 무의미한 노동, "열심히 살라"고 말하는 공허하고 기만적인 긍정론, 너무나 고된 가장 보통의 삶…. 나는, 그리고 대다수의 내 친구들은 이런 것들을 거부한다. 혹은 거부하고 싶어 한다. 우리를 구속하는 힘들, 사회적 코드들의 불합리함과 규범적 삶의 비루함에 대해 떠들다 보면 왠지 좀 더 결백하고 나은 사람이 된 것 같은 기분이 든다. 그런데 이상하게도 우리의 거부와 부정은 유쾌하지가 않다. 우리의 싸움은 목숨을 건 전면전보다는 상대에 대한 증오만 키우면서 그저 가만히 노려보기만 하는 냉전에 가깝다. 싫은 건 분명한데, 다른 무엇을 원하느냐고 물으면 마땅히 답할 말이 없다. 막상 우리는 뭘 하고 있지? 더 나은 직장을 꿈꾸고, 하고 싶은 일을 찾지 못해 유학을 고민하고, 개처럼 벌어서 여행 다니는 삶을 반복하고, 취직을 하고 싶지 않다며 알바를 전전한다. 어디에도 저항의 활력은 없다.

　　나는 언제나 불평하는 쪽이었고, 불평하는 사람들의 편이었다. 내가 가장 혐오한 것은 "불평만 하지 말고 네 힘으로 뭐라도 해 봐라"라는 말과 그렇게 말하는 사람들이었다. 몇 년 사이 미국의 젊은 남성들 사이에서 인기를 얻어 유튜브 스타로 급부상한 '조던 피터슨' 같은 사람이 딱 그런 경우다. 그는 인종문제나 젠더문제를 내세우며 사회를 비판하는 사람들에게 어떤 집단 정체성에 기대서 개인으로서의 자기 자신을 방기하지 말라고 조언한다. 피해자 코스프레하며 징징댈 시간에 '개인'으로서 어떻게 자기 자신과 자신의 삶을 향상시킬 것인지를 고민하라는 것이다. 맞는 말이다. 하지만 조던 피터슨은 명백히 우리의 일상이 정치적인 문제들로

가로질러지고 있음을 간과하고 있다. 우리의 욕망과 무의식이 어떻게 사회적으로 형성되는지는 보려고 하지 않은 채, 모두를 그가 '개인'이라고 부르는 독립된 실존을 지닌 비정치적 주체의 자리에 위치시킨다. 그가 그렇게 우리를 '개인'의 자리에 욱여넣고 나면 우리가 고민할 수 있는 것은 어떻게 '철든 어른'이 될 것인가, 어떻게 삶을 더 향상시킬 것인가 하는 협소한 문제들로 환원되고 만다. 그가 말하는 '철든 어른'이 사회적 규범에 복종하는 예속적 주체이며, '더 나은 삶'이란 사회적 척도에 부합하는 성공한 삶에 불과하다는 것은 말할 필요도 없다. 나는 여전히 '개인의 노력'을 강조하는 사람들을 혐오한다.

그런데 '불평'하는 우리는 어떤가? 우리는 정당한가? 나는 '헬조선'이나 '수저계급론' 같은 최근의 '불평들'에 도저히 공감할 수가 없다. 조던 피터슨과 같은 소위 '보수적인' 사람들에게서만이 아니라 종종 급진성과 과격성을 과시하는 사회 비판적 담론들로부터도 참을 수 없는 반동성을 느낀다. 이러한 담론들을 내세우는 사람들은 자신을 약자의 자리에 위치시킴으로써 스스로의 무력함을 정당화하는 동시에 더욱 강화한다. '헬조선'을 운운하는 사람들이 욕망하는 것은 국가에 의해 모든 것이 보장된 유토피아가 아닌가? '흙수저'를 자처하는 사람들이 욕망하는 것은 결국 '금수저'의 삶이 아닌가? 제도와 자본에 종속된 이들의 욕망이야말로 이들이 거부하고자 하는 바로 그 현실을 재생산하고 있는 것이 아닌가? 잘해 봐야 자신들의 불만을 해소해 줄 더 나은 제도와 자본에 의존하게 될 뿐이다. 그런 점에서 이들은 그 무엇에도 저항하고 있지 않다. 그저 거부하고 부정하면서 자기 자신을 재생산하고 있을 뿐이다. 이렇게 무력하고 공허한 거부를 반복하는 동안 우리의 존재는 투쟁과 저항을 통해 고양되는 대신, 거부와 부정을 통해 쪼그라든다. '자신을 방기하는 일'이라며 모든 정치적 저항과 비판을 폄하하는 조던 피터슨 같은 사람의 주장을 우리 손으로 입증하는 셈이다.

나와 내 또래들을 가로지르는 묘한 무기력함. 이 지긋지긋한 무기력감. 나는 그저 내가 별로 좋아하는 것도 싫어하는 것도 없는 둔감한 인간이라고만 생각했다. 무기력은 무엇에도 그다지 호기심을 느끼지 않는 타고난 내 기질이라고. 그리고 또래들에 대해서는 별다른 억압도 결여도 없이 자라다 보니 매사에 절박하지 않은 경향을 갖게 된 것 같다는 정도로 생각했다. 그런데 어쩌면 나와 우리의 무기력증은 낯선 힘들에 자신을 내주지 않으려는, 자기 자신에 대한 병적인 집착의 결과물인 것은 아닐까 하는 의심이 들기 시작했다. 지금 여기의 우연한 마주침들 속에서 자유를 구성하기보다는 반쯤 자유로운 엉거주춤한 상태에 계속 머물고자 하는 반동적 욕망의 표현이 아닐까. 자유와 강제를 각각 실체화시키고, 서로에 대립적인 것으로 이해하는 한 우리는 늘 반쯤밖에 긍정하지 못하고, 반쯤밖에 자유로울 수 없다. 지겹다. 틀리다고는 할 수 없는 그럴듯한 말들로 삶을 적당히 긍정하면서 반쯤이라도 정직하기 위해 스스로를 비웃는, 전적으로 공허한 삶이.

행동함으로써 내버려 둔다

행동함으로써 내버려 둔다——"이것을 행하지 마라! 단념하라! 너 자신을 극복하라!"라고 말하는 모든 도덕은 내게 근본적인 반감을 불러일으킨다. 반면에 아침부터 저녁까지 어떤 일을 행하도록 하고, 밤에도 그 일에 대해 꿈꾸게 하는 도덕, 이 일을 가능힌 한 질해 내는 것 외에는 다른 아무것도 생각하지 않도록 만드는 도덕에 나는 호감을 느낀다! 그렇게 살아가는 사람에게는, 그런 삶에 해당하지 않는 것들이 지속적으로 하나씩 떨어져 나간다. 그는 아무런 미움이나 반감 없이 미풍이 나무에서 낙엽을 떨어뜨리는 것처럼 오늘은 이것, 내일은 저것과 작별을 고한다. 혹은 그는 작별을 고한다는 사실에 눈길조차 주지 않는다. 그의 눈은 단호히 목표와 앞만 바라볼 뿐 옆도, 뒤도, 가장자리도 돌아보지 않는다. "우리가 행하는 것이 우리가 내버려 두는 것을 결정한다. 우리는 행동함으로써 내버려 둔다."——이것이 내가 좋아하는 것이요, 나의 원칙이다. 그러나 나는 두 눈을 뜬 채 가난해지려고 애쓰지는 않을 것이다. 모든 부정적인 덕, 그 본질이 부정과 단념인 덕을 나는 싫어한다.(니체, 『즐거운 학문』 304절, 니체전집 12, 안성찬·홍사현 옮김, 책세상, 2005, 281쪽)

행동함으로써 내버려 두기. 니체의 저항방식이다. 나도 니체처럼 "이것을 행하지 마라! 단념하라! 너 자신을 극복하라!"라고 말하는 도덕에 반감을 느낀다. 그래서 나는 이러한 명령들에 '대해' 저항했다. 하지만 실은 내내 내가 혐오하고 부정하는 것들에 사로잡혀 있었다. 좋아하는 것들을 취하고 하고 싶은 일들을 하려고 노력하는 대신, 하기 싫은 것들로부터 가능한 멀찌감치 떨어진 곳에 머물기 위해 노력했다. 즉, '행함으로써 내버려 두었던' 니체와는 달리, 내가 혐오하는 것을 중심으로 내가 있어야 할 곳을 결정해 왔던 것이다. 싫어하면 싫어할수록 그것들에 의해 더 강하게 규정된다는 역설이 여기서 발생한다.

니체는 부정과 단념을 요구하는 도덕들에 대한 반감으로부터, 나와는 전혀 다른 지평으로 나아간다. 그는 '단념하라'고 말하는 도덕의 명령을 끊임없이 의식하는 대신, "어떤 일을 행하도록 하고, 가능한 한 잘해 내는 것 외에는 다른 아무것도 생각하지 않도록 만드는 도덕"의 명령에 따른다. 니체는 거부하는 것들이 아니라 자신이 좋아하는 것들, 예컨대 자신이 친구가 되고 싶은 사람들, 만족을 느끼는 생활습관, 예기치 못한 경험에 대해 느끼는 감사함 등등에 대해서 말한다. 그런 구절들에서는 도저히 감추어지지 않는 니체의 기쁨과 경탄이 흘러나온다. 니체는 자신을 기쁘게 하는 것들을, 오로지 그것들을 행함으로써 자신의 역량을 저하시키는 모든 것들에 작별을 고하고 있었던 것이다. 아무런 미움이나 반감도 없이.

니체는 기독교, 형이상학, 교양주의, 도덕 등등과 사유의 혈전을 벌인다. 그러나 그의 전투는 적의 부당성을 증명함으로써 상대적으로 자신의 정당성을 확보하는 식으로 이루어지지 않는다. 사랑, 행복, 이성, 신체, 도덕… 니체는 이 모든 가치들을 근저에서 의심하고, 그로부터 다른 가치들을 입법했다. 이것이 "행동함으로써 내버려 두는" 니체의 투쟁방식이다. 그리고 이는 결국, 스스로 명령하고 능동적으로 복종하는 삶을 위하여, 그 자신을 이루고 있는 '부정의 힘'들과 벌인 투쟁이었으리라. 그 때문일까. 니체의 날카로운 비판과 잔인한 공격에서는 증오의 악취가 감지되지 않는다. 오히려 가볍고 유머러스하기까지 하다.

나는 왜 그토록 내가 거부하고자 하는 권위와 명령에만 사로잡혔던 것일까? 그것을 노려보고 있어 봐야 나의 역량이 고양되는 것도 아닌데 말이다. 나는 '저항'을 너무나 거룩하고 원대한 것으로 생각했나 보다. 내게 가해지는 모든 강제력을 뒤집어 버릴 정도로 강한 힘을 '지니고' 있어야만 의무, 명령과 결별하고 자유로워질 수 있다고 생각했나 보다. 그런 생각에 사로잡혀 있다 보니 지금 내가 하고 싶은 것, 할 수 있는 것들은 좀처럼 눈에 들어오지 않았다. 그럴수록 나의 저항(을 가장한 거부)은 무겁고 우울하며 냉소적인 것이 되어 갔다. 권위와 강제는 너무나 싫지만 그렇다고 달리 하고픈 것은 딱히 없고, 솔직히 나처럼 밋밋한 인간이 '다른 삶'을 살 수 있을 것 같지는 않다고 푸념하기를 반복해 왔다. 그리는 동안 내게 남은 것은 증오와 체념뿐이었다. 니체가 내게 말하는 것 같다. 후까시 잡지 말라고, 저항하기 위해 비장해져야 할 필요는 없다고, 그깟 자의식 따위 던져 버리라고. 푸코 역시 말하지 않았던가. "투사가 되기 위해서는 슬퍼야 한다고 생각하지"(푸코, 영어판 서문, 들뢰즈·가타리, 『안티 오이디푸스』 김재인 옮김, 민음사, 2014, 9쪽) 말라고.

사실 공부를 시작한 뒤 나는 많은 것들과 결별하고 있다. '나'

로 존재하기 위해 필요한 것들이 점점 줄어들고, 나의 일상은 조금씩 단순해지고 있다. 내가 '논다'고 할 때 그것이 의미하던 것, 즉 '친구들과 만나 돈 쓰면서 멍 때리기'를 더 이상 필요로 하지 않게 되었다. 딱히 '원하는' 건 아니지만 왠지 헛헛해서 하게 되는 일들이 삶에서 차지하는 비중이 놀랄 만큼 줄었다. 집에 가는 길에 연구실 친구 규창이와 얘기하다 깨달은 건데, 어느 순간부터 '권태롭다'는 생각을 안 하게 되었다. 단순히 전보다 바빠졌기 때문은 아니다. '미풍이 나무에서 낙엽을 떨어트리는 것처럼' 나를 이루고 있던 잉여적인 것들에 작별을 고해 가는 중이다.

14장 내 자유는 내가 알아서 만들어 볼게요

'일하지 않는 삶'이라는 꿈

나는 내 삶이 더 나은 미래와 궁핍한 현실, 월급과 하기 싫은 노동, 휴가와 일과 등으로 나뉘는 것이 싫었다. 전자를 취하기 위해 후자를 감수하라고? 그런 삶이라면 너무 비참할 것 같았다. 삶이 온전히 내 것이 아니게 되어 버리니까. 게다가 지금의 기쁨, 지금의 욕망을 포기함으로써 얻게 되는 미래의 행복이라는 것은 의심스럽기 짝이 없지 않은가? 당장 내일 죽게 될지도 알 수 없는 마당에, 그 '미래'라는 것은 대체 누가 보장하는 건데? 모든 일이 다 잘 풀린다고 치자, 그래서 안정적인 노후를 누리게 된다고 치자, 그렇다 해도 그게 '나의 행복'일 것이라고 어떻게 확신할 수 있지? 미래에 대한 환상을 배제하고 따져보자. 결국 우리에게 주어진 것은 하루에 최소 8시간씩(하루의 3분의 1이고, 깨어 있는 시간의 절반이다!)을 하기 싫은 일을 하며 보내고, 그렇게 쌓인 스트레스를 소비(술, 쇼

핑, 여행…)로 푸는 삶이 아닌가? 아무리 생각해 봐도 수지가 맞지 않는 장사다.

통장에 적힌 숫자에 의해 정당화되는 전적으로 노예적인 삶. 그런 삶이라면, 몸을 파는 것과 뭐가 다르지? 결국 돈을 대가로 나의 몸을, 시간을, 삶을 내주는 것이다. 그리고 그 굴욕감과 공허를 모면하기 위해 소비가 주는 감각적 충족과 미래에 투사된 환상에 의존한다. 혹은 막연한 불안감을 억누르기 위해 자신이 부정하는, 그리고 스스로를 부정하게 만드는 방식의 삶을 살아간다. 어떻게 저렇게 살 수 있지? 그렇다. 사실 그렇게 살 수 있다. 대부분의 사람들이 그런 식으로 살아간다. 심지어 그들 중 대부분이 그럭저럭 '잘' 살아간다. 그러나 나는 그러고 싶지 않았다. 나는 그런 삶을 살고 싶지 않을 뿐만 아니라 살아갈 자신도 없었다. 하기 싫은 일을 10년, 20년, 30년씩 계속 할 엄두가 좀처럼 나지 않았다.

그래서 나는 노동하지 않는 삶을 꿈꿨다. 평생 방학이었으면! 난 고등학교 졸업을 기다렸다. 취직할 생각도, 대학에 갈 생각도 없었다. 그저 '나의 시간'을 온전히 내 뜻대로 영위할 생각뿐이었다. 고등학교 때 담임선생님은 재수를 했던 경험을 들어서 내게 충고하셨다. 남들이 다 뭔가를 시작할 때 나만 할 일 없이 있다는 것. 본인은 거기서 이루 말할 수 없는 박탈감을 느꼈다고. 그러나 내 경우는 전혀 달랐다. 나는 트랙 위에서 뒤처진 것이 아니라 트랙 자체를 벗어난 것이니까. 트랙의 선두를 다투며 좋은 학벌과 번듯한 직장을 자랑하는 자들은 내가 보기에 보석이 박힌 족쇄와 황금으로 된 사슬을 자랑거리로 내세우는 노예들일 뿐이었다! 남들이

새 학기를 시작하고, 첫 출근을 하고, 목표를 위해 첫 걸음을 내디디고, 남들에게 뒤처졌다는 생각에 불안해하고 있을 바로 그 날이, 내겐 죽을 때까지 지속될 방학의 첫날이었다!

그러나 문제는 간단치가 않았다. '노는 삶'이라고는 했지만, 논다는 것도 쉬운 일이 아니었다. 어떻게 놀 것인가? 나는 노동을 거부했지만 어째 영 신명이 나지 않았다. 모든 일이 대개 그러하듯, 거부하는 것만으로는 아무것도 시작되지 않았던 것이다. 내가 생각한 '노동하지 않는 삶'이란 너무 협소한 것이었나 보다. 노동을 하지 않는 삶, 얽매인 곳이 없는 삶에 나는 온갖 낭만적인 이미지들을 덧씌워 놓았다. 내키는 대로 무모하게 여행을 떠나고, 하고 싶은 일로 돈을 벌다가 지겨워지면 그만두고, 친구들과 아마추어 밴드를 결성하고, 마음 맞는 사람들과 느슨한 공동체를 이루고 …. 그렇게 영화나 책에서 주워 섬긴 이미지들로 나의 미래를 덧칠했다. 실제로 그 중 몇 가지를 실행해 보기도 했다. 그러나 나를 기다리고 있던 것은 고작해야 SNS 중독, 밤낮이 뒤바뀐 나날들, 그리고 그 결과로서의 무기력증이었다. 공허하기로는 노동을 하거나 하지 않거나 마찬가지였다.

나는 '미래'에 대한 나의 무신경함, '먹고사는 일'에 대한 대책 없음을 나의 '독립심'으로 포장했다. 그러나 그러한 무관심함을 떠받치고 있었던 것은 나의 전적인 의존성이었다. 부모님이라는 안정적인 백그라운드에 물질적·심리적으로 의존하면서 내가 어떤 위기에 처하거나 절실하게 필요한 것이 있을 때 기댈 수 있으리라는 안이한 믿음을 견지해 온 것이다. 나는 무엇을 거부하거나 무엇에 저항했던가? 사실 나는 나를 둘러싼 조건이 '허락'하는 자유를 수동적으로 누리고 있었던 것일 뿐이다.

'자유'를 갈망하는 노예의 역설

그들은 자기 자신을 박탈당했고, 매일 사용되어 닳아지는 것이 되도록 교육받았으며 그것을 의무로 받아들이게 되었다. 이제 그들은 이렇게 매일 사용되어 닳지 않고는 지낼 수 없게 되었고 그 이외에 다른 것을 바라지도 않는다. 다만 수레를 끄는 이 가련한 동물들에게 '휴가'를 주지 않는 것만은 허용되지 않는다. 사람들이 과도하게 노동하는 세기에서 한가함(Muße)이라는 이상은 '휴가'라고 불리는데, 이 휴가 때에 사람들은 한때나마 마음껏 게으름을 피우며 멍청하고 어린애처럼 굴어도 되는 것이다. (니체, 『아침놀』 178절, 니체전집 10, 박찬국 옮김, 책세상, 2004, 195쪽)

그런데 잠깐, '휴가'란 무엇인가? 나는 노동하는 삶의 반대편에 휴가를 위치시키고 있었다. 내가 꿈꿨던 '노동하지 않는 삶'이란 휴가의 지속으로서의 삶이었다. '매일매일이 일요일 같은' 삶. 내가 꿈꿨던 자유로운 삶의 이미지는 일상과 휴가, 평일과 주말, 노동과 놀이의 이분법에 의존하고 있었던 것이었다. 나의 뒤통수를 후려치는 니체의 통찰! 사실 노동과 휴가는 세트다. 니체는 노동을 신성시하는 시대에, 노동이 의무라고 교육받았으며 노동하지 않고는 살 수 없게 되어 버린 사람들을 본다. 흥미로운 건, 이들은 노동만이 아니라 휴가 또한 외부로부터 부여받았다는 것이다. 수레를 끄는 이 가련한 동물들은 정신줄을 놓고 휴가를 보낸 뒤 다시 업무에 복귀한다. 이들의 휴가는 다시 노동의 현장으로 투여되기 위해 요구되는, 전적으로 수동적인 시간이다. 매일 사용되어 소모되고 있는 존재들, 자신의 '한가한' 시간조차 능동적으로 조직할 줄 모르는 노예들에게 외부로부터 세공된 것이 바로 휴가다.

　니체 시대의 민중들과 달리, 지금 우리는 노동을 숭배하지 않는다. 오히려 혐오한다. 직장에 얽매인 자기 자신의 운명을 조소하고 희화화하는 것은 소셜 미디어에 올라오는 가장 흔한 개그 소재 중 하나다. 사람들은 이제 입사보다는 퇴사를 축하한다. 내 주변의 직장인들은 모두 적당히 돈을 모아 직장을 그만두고 여행을 떠날 타이밍만 노리고 있다. 혹은 뭔가를 배우거나 공부를 하면서 공허한 직장생활을 꾸역꾸역 견디고 있다. 이런 모습을 보고 있노라면 일자리 부족과 청년 실업이 정말로 우리 사회의 진정한 문제인지 의문이 든다. 우리는 일자리를 창출하고 고용을 증진시키기 위해 머리를 싸매고 중지를 모을 것이 아니라, 모두 같이 힘을 합쳐 일하지 않고 살 수 있는 방법을 강구해야 하지 않을까? '일할 자유'가 아니라 '게으를 권리'를 외쳐야 하는 것이 아닐까!?

　그렇다면 우리는 노예 상태로부터 벗어난 것일까? 적어도 벗어나고 있는 중인가? 아니, 어쩌면 우리는 좀 더 비겁하고 탐욕스러워졌을 뿐인지도 모르겠다. 노동을 거부하고 혐오할 때, 우리가 욕망하는 것. 그것은 '자유'가 아니라 '휴가'다. "마음껏 게으름을 피우며 멍청하고 어린애처럼 굴어도 되는" 시간. 능동적으로 행하고 감당하는 자유가 아니라 의무와 책임으로부터 도피하는 것으로서의 수동적 자유. 우리는 노동/휴가의 반복적 패턴을 강요하는 시스템 자체가 아니라, 단지 귀찮고 수고스러운 노동에 저항한다. 그러나 '노동하는 삶'으로부터 벗어나고자 한다면 '노동'에 딸려오는 '휴가' 또한 거부해야 마땅하지 않을까?

혹시 노동을 혐오한다고 말하는 우리는 '해야 하는 일'이 주는 안정감에 은밀하게 의지하고 있지는 않은가? 혹은 노동의 대가로서만 주어질 수 있는 전적으로 수동적인 자유를 욕망하고 있는 것은 아닌가? 군대에서 나는 그러한 수동적 자유의 극단을 경험했다. 군대는 전적으로 의무의 세계다. 누구도 원해서 그곳에 오지 않았다. 때문에 기이하게도 전적으로 수동적인 상태에 머무는 것에 정당성이 부여된다. '시키는 것만' 해야 하고 '시키는 것만' 하면 되는 삶. 그런 삶은 너무나 비루하지만, 동시에 기묘한 안락함을 제공한다. '생각'할 필요가 없기 때문이다. 혹시 우린 단지 그러한 비천한 안락함에 익숙해진 것이 아닐까? 노동/휴가가 제공하는 자기 자신으로부터의, 삶으로부터의 도피처에 만족하고 있는 게 아닐까? 다만 그것이 삶을 온전히 긍정하도록 해주는 것은 아니라는 사실을 알기에 살짝 뾰로통해져 있을 뿐.

생각해 보면 내가 직장의 노예가 되는 것을 거부하며 꿈꾸던 '자유로운 삶'은 늘 어떤 '조건'에 관한 상상이었다. 나의 구도 속에서 자유란 타인으로부터 침해받지 않을 수 있는 완벽한 조건이 세팅될 때에만 가능한 무엇이었다. 때문에 망상일 수밖에 없었다. 나는 능동적으로 자기 삶의 스타일을 만들어 가는 사람들을 동경했다. 그리고 재능과 능력이 부족하고 기질적으로 그들과 다른 나는 그런 삶을 살 수 없을 거라고 단념했다. 그러나 사실 그러한 동경도 단념도 자기기만일 뿐이었다. 나는 그저 휴가를 원했던 것이다. 그것도 영원히 지속되는 휴가를. 나는 '노동하지 않는 삶'이니 '저항'이니 거창한 관념들을 덧씌워 놓았지만 나의 욕망은 결국 '돈 많은 백수', '건물주', '재벌 3세' 따위의 기만적인 환상으로 수렴될 뿐이었다.

돈에 의한, 돈의, 돈을 위한 자유

자유롭고 싶었다. 그러나 내가 생각한 자유의 이미지는 참으로 협소한 것이었다. 대표적으로 '노동'이라는, 어떤 의무 내지는 억압에 저항하는 것이 내가 상상할 수 있는 자유의 전부였다. 노동하지 '않는' 상태, 노동으로부터 '벗어난' 상태가 내가 생각한 자유였던 것이다. 의무와 억압으로부터 벗어나 원하는 것을 마음대로 할 수 있는 상태. 그런데 이때 '마음대로' 하기 위해서는 절대적인 전제가 필요하다. 바로 돈이다.

　돈. 세상에는 돈과 관계 맺는 아주 다양한 방식들이 있다. 끼리끼리 모인 것 같은 내 친구들만 봐도 그렇다. 각자가 돈을 벌고 쓰는 방식, '충분하다'라고 생각하는 돈의 양, 삶에서 돈이 차지하는 비중 등등은 달라도 너무 다르다. 그럼에도 불구하고 우리가 돈에 대해 갖는 공통적 태도도 있다. 우리에게 돈이란 곧 자유다. 친구를 만날 자유, 여행을 떠날 자유, 맛있는 음식을 먹을 자유, 원하는 삶을 살 자유를 누리려면 어쨌든 일을 해서 돈을 벌어야 한다. '워라밸'을 중시할 것인지, 더 많은 돈을 추구할 것인지, 500만 원을 원하는지 1억 원을 원하는지와 무관하게 돈, 돈이 있어야 한다. 노동 '해야 하고' 소비 '해야 한다.' 아무리 일이 하기 싫어도 어쩔 수 없다. 아무리 자본주의가 미워도 어쩔 수 없다. 돈은 우리가 포기할 수 없는 모든 것을, 우리의 자유를 담보로 잡고 있기 때문이다. 우리는 '소비자'일 때 자유롭고 '노동자'일 때 예속된다고 생각한다. 그러나 노동과 소비는, 노동과 휴가가 그런 것과 마찬가지로 동전의 양면을 이루고 있는 것이 아닐까?

> 통치성은 특히 1920년대 이래 우리가 국가에만 배타적으로 부여할 수는 없는 다양한 기술들의 집합으로서 스스로를 드러낸다. 반대로, 사적 기업들은 소비·마케팅·광고·영화·커뮤니케이션 등의 전반에 대한 대규모의 투자를 실행하게 될 것이다. 그리고 이는 단순한 개인과 그의 행동에 대한 통치를 넘어, 전(前)개인적인(pré-individuelles) 여러 요소들, 곧 지각양식, 느끼고 보고 생각하는 방법의 차원에서도 수행된다. 이러한 과정은 상품의 제조에 그치지 않는데, 이는 그것이 (가장 육체적인 기술들만큼 효과적인 지배의 '비육체적인' 도구로서의) 무의식, 라이프 스타일, 가치의 세계와 도구들 역시 생산하기 때문이다.(마우리치오 랏자라또,
『부채 통치』 허경 옮김, 갈무리, 2018, 209쪽)

과연, 자본주의가 생산하는 것은 상품만이 아니다. 자본은 "무의식, 라이프 스타일, 가치의 세계와 도구들"을 생산한다. 그리고 이렇게 생산된 것들은 곧바로 "효과적인 지배의 '비육체적인' 도구"로 활용된다. 그러니까 사실 소비할 자유란 자유가 아니다. 우리는 노동할 때만이 아니라 소비할 때에도 착취당한다. 이때의 착취란 무엇을 하지 못하게 하는 방식의 착취가 아니라, 특정한 방식으로 지각하고 욕망하고 살아가게끔 하는, 삶 자체에 대한 착취다.

나는 우리가 더 이상 돈을 쓰지 않고는 놀 줄을 모르게 되었다는 데 수치심을 느낀다. 피시방에 가거나 술을 먹거나 영화관에 가거나 쇼핑을 하거나 간에 우리는 전적으로 '소비자'의 위치에 놓이게 된다. 돈만 내면 어떤 능동성도 발휘할 필요가 없다. 돈을 내고 자본이 정해 준 경로에 따라서 진열된 즐거움을 소비하는 것, 이것이 우리의 놀이다. 우리는 일할 때 못지않게 놀 때조차도 수동적이다. (푸코의 표현을 빌리자면) "이런 식으로 통치당하지 않을 자유"를 고민하지 않는 한, 우리의 자유는 예속의 또 다른 이름일 뿐인 것이다.

남들에게 보이지 않는 활동에 묵묵히 고독하고 결연하게 만족하는 불굴의 인간. 자신들이 극복해야 할 것을 모든 사물에서 찾으려는 내적인 성향을 지닌 인간. 쾌활함, 인내, 소박함을 지니고 있으며, 커다란 허영심을 경멸할 뿐만 아니라, 승리했을 때는 관대할 줄 알고 패배한 자들의 작은 허영심에 관용을 보일 수 있는 인간. 모든 승자들에 대하여, 모든 승리와 명성에서 우연이 차지하는 부분에 대하여 예민하고 자유롭게 판단할 수 있는 인간. 자기 방식의 축제일과 근무일과 애도일을 지니고 있고, 명령하는 일에 익숙하고 확고할 뿐만 아니라, 필요한 경우에는 복종할 준비도 되어 있으며, 이런저런 일에 한결같이 긍지를 지니고 자신의 일에 복무하는 인간. 보다 많은 위험에 부딪히고, 보다 생산적이고, 보다 행복한 인간!(니체, 「즐거운 학문」 283절, 니체전집 12, 안성찬·홍사현 옮김, 책세상, 2005, 261쪽)

니체가 기다리는 자유로운 인간은 '족쇄'로부터 풀려났다는 수동적인 의미의 자유인들이 아니다. 자유인으로서의 권리를 부여받았다는 의미에서 자유로운 자들도 아니다. 이들은 무엇보다도 자기 '삶의 스타일'을 만들어 낸 자들이다. "자기 방식의 축제일과 근무일과 애도일을" 지니고 있으며, 능동적으로 명령하고 또 능동적으로 복종하는 자들. 어떤 목적이나 의무, 당위에 '대해서' 자유로운 게 아니라 스스로 자신의 삶의 방식을 창조해 간다는 점에서 자유로운 자들.

내가 자유의 문제를 고민함에 있어서 '돈'은 아주 오랫동안 질문을 허용하지 않는 도그마로 작용해 왔다. '먹고사는 문제'라는 '현실'을 가지고 들어오는 순간 니체가 말하는 '자기 삶의 양식을 창조하는 자의 자유' 같은 것들이 무력한 망상 정도로 폄하되었다. 아무리 멋지고 아름다운 자유를 떠들어 봐야 결국 돈이 없으면 우리는 살아갈 수 없으며, 돈이 떨어지는 순간 그러한 자유는 순식간에 공허한 관념이 되고 말 거라고 생각했다. 그래서 나는 돈의 문제에 대해서 적극적으로 고민하기를 꺼렸다. 그러나 그런 식의 회피가 더 강력한 무기력으로 귀결되었음은 말할 것도 없다.

연구실 생활을 시작한 이후로 돈에 대한 강고한 전제로부터 조금씩 벗어나고 있다. 지금 나는 연구실에서 청년들에게 지급하는 돈과 연구실 홈페이지에 올리는 글에 대한 원고료, 연구실에서 진행되는 세미나나 강의의 매니저비 등 전적으로 연구실에서 나오는 돈으로 생활하고 있다. 돈이 없어도, 노동하지 않아도 공부하고 글 쓰면서 매일 영양가 넘치는 두 끼 밥을 먹고, 필요한 책과 옷을 사고, 여행도 다니며 살고 있다. 나는 이 돈이 불쌍한 청년들에게 내려진 시혜도, 내가 제공한 서비스에 대한 대가도 아니라고 생각한다. 내가 받고 있는 돈은 일종의 '질문'이며, 내게 가해진 '힘'이다. 이 공간에서 교환가치로 환원될 수 없는 관계와 활동과 에너지를 생산함으로써 그 힘과 질문에 답할 수 있는 한에서, 나는 이 돈에 대해 떳떳하다. 그때 돈이란 우리가 구성하는 다른 삶의 양식으로부터 비롯되는 것이지, 그러한 삶의 전제조건이나 목적이 아니기 때문이다. 지금 나는 이곳에서 돈을 비하하는 것도, 숭배하는 것도 아닌 방식으로 돈과의 새로운 관계 맺기를 시도하고 있다.

행복한 노예가 될 것인가, 자신의 주인이 될 것인가

가난하면서도 즐겁고 독립적이라는 것! 그것들은 동시에 가능하다. 가난하면서도 즐겁고 노예라는 것! 이것도 가능하다. 그리고 나는 공장 노예 제도의 노동자들이 이보다 더 좋은 상태에 있다고 생각할 수 없다. 만약 그들이 지금 상태처럼 기계의 나사로, 또 말하자면 인간의 발명품에 대한 보완물로 소모되는 것을 치욕이라고 느끼지 않는다고 가정한다면 말이다! 높은 급여를 통해 그들의 비참한 삶이 본질적으로 극복될 수 있다고 믿는 것은 어리석다. 즉 임금이 높아진다고 해서 그들이 당하고 있는 비인격적인 노예화가 지양되는 것은 아니다.(니체, 『아침놀』 206절, 니체전집 10, 박찬국 옮김, 책세상, 2004, 227~228쪽)

니체는 가난과 즐거움, 독립성이 동시에 가능한 것만큼이나 가난과 즐거움, 노예 상태 또한 공존할 수 있다고 말한다. 우리가 그것을 치욕으로 여기지 않는다고 가정하면 노예 상태는 즐거움과도 양립할 수 있다. 니체가 이야기하는 '노예'란 누구인가? 노예는 가난한 자도 아니고 부유한 자도 아니다. 노동하는 자도 아니고 무위도식하는 자도 아니다. 노예란 자신이 외부에 의해 일방적으로 규정되는 것을 치욕으로 느끼지 못하는 자다. 스스로 삶의 주인이 되기를 포기한 자가 노예다.

우리는 자존심이 세다. 우리의 권리가 침해당한다고 느낄 때, 부당한 대우를 받는다고 느낄 때 분개한다. 우리가 착취에 저항한다고 말할 때 그것은 '소중한 나'에 대한 가혹하고 불합리한 처우에 대한 것이며, 우리의 높은 자존심은 침해되어선 안 될 신성한 '권리'에 관한 것이다. 좋다. 그러나 정말 그것으로 충분한가? 우리가 수치스러운 착취와 노예 상태의 반대편에 놓고 동경하는 것은 구글이나 페이스북 같은, 우수한 복지를 제공하는 기업에 취직하는 것이다. 그러나 니체적 관점에서 보자면 이러한 욕망이야말로 우리의 노예성을 증명한다. 우리는 그저 가장 좋은 조건에 자신을 팔고 싶은 것이다. 기왕이면 초가집의 노예가 되기보다는 궁궐의 노예가 되자, 행복하고 부유하고 즐거운 노예가 되자! 100년이 넘도록 그칠 줄을 모르는 니체의 탄식. "아! 인격이 아니라 하나의 나사가 되는 대가로 하나의 값을 갖게 되다니!"(니체, 『아침놀』 206절, 니체전집 10, 박찬국 옮김, 책세상, 2004, 228쪽)

노예의 비참함은 외부적 조건 자체가 아니라 그러한 조건에 의해 규정되는 방식으로부터 비롯된다. 우리는 모두 각자에게 고유한 제약조건 속에서 살아가고 있다. 모든 제약으로부터 풀려난 삶은 없다. 우리가 처해 있는 독특한 배치는 우리를 한계 짓는 조건인 동시에 그 자체로 우리를 살게 하는 조건이기도 하다. 따라서 우리를 규정하는 조건 속에서 우리의 능동성을 발휘하는 그만큼이 자유다. 나는 요즘 삶의 그 어떤 때보다 많은 '해야 할 일'들에 둘러싸여 있다. 세미나 준비를 위해 텍스트를 읽고 발제를 하고, 또 강의 후기를 쓰고, 청소년 프로그램에서 10대들과 진행할 수업을 준비하는 와중에 원고도 써야 한다. 그리고 내가 하는 이 모든 일들은 그 순간마다 내가 발휘하는 능동성을 통해서만 입증된다. 성적이나 월급, 사회적 인정 같은 것들이 그 역할을 대신해 주지 않기 때문이다. 나는 이 해야 할 일들 사이에서 이전 어느 때보다 자유로움을 느낀다. 힘을 다해 이 일을 하고 있음 자체가 내가 느끼는 자유다.

생명은 스스로의 힘을 발휘함으로써 고양된다. 능동성을 발휘하는 만큼이, 스스로 행하고 감당하는 만큼이 우리 자신의 삶이다. 우리가 갈망하는 '행복한 노예'와 '영원한 휴가'는 그 자체로 삶에 대한 부정을 내포하고 있다. 우리 자신이 아니라 타인을, 삶이 아니라 죽음을 욕망하는 노예. 그런 노예가 되겠다고 그렇게 '노오력'하는 삶이라니.

> 차라리 이민을 가자. 세계에 아직 남아 있는 야만적이고 신선한 지역의 주인이 되고 무엇보다도 나 자신의 주인이 되려 하자. 그 어떠한 것이든 노예 제도의 징후가 조금이라도 보이는 한, 장소를 바꾸자. 모험과 전쟁을 회피하지 말고 최악의 경우에는 죽을 각오를 하자. 이 불결한 노예 제도만은 더 이상 안 된다. 이렇게 음침하고 악의적이며 음모적으로 변하는 것은 더 이상 안 된다.(니체, 『아침놀』 206절, 니체전집 10, 박찬국 옮김, 책세상, 2004, 229쪽)

니체는 우리에게 현실을 부정하고 저편을 꿈꾸는 대신 '장소'를 바꾸라고 말한다. 장소를 바꾼다는 것은 무엇인가? 그것은 이전에 자신이 의지하고 있던 가치들을 버리는 일이다. 우리의 모토는 '가장 적은 노동을! 더 많은 휴가를!'이 아니라 '노동도 휴가도 거부한다!'가 되어야 하지 않을까? '노예 상태'와 함께 '풍족함'마저 버릴 각오를 하지 않으면 안 된다. 자신이 누릴 것과 감수할 것을 스스로 결정하지 못하는 자에게 자유는 없다. 온전히 자기 힘으로 모험과 전쟁을 겪어 내는 것, 최악의 경우에는 죽음까지도 각오하는 것. 자유를 말할 수 있는 권리는 그런 자들에게만 있다.

다시, 나 자신에게 질문해 본다. '행복한 노예'가 되기를 원하는가, '자신의 주인'이 되기를 원하는가?

15장 판관의 언어, 전사의 언어

니체가 트윗을 한다면?

사내는 전쟁을 위해, 여인은 전사에게 위안이 될 수 있도록 양육되어야 한다. 그 밖의 모든 것은 어리석은 일이다. (……) 사내의 행복은 '나는 원한다'는 데 있다. 여인의 행복은 '그는 원한다'는 데 있다.

더 높은 문화는 사회의 서로 다른 두 계층, 노동하는 계층과 여가를 지닌 계층, 즉 참된 여가를 가질 자격을 지닌 계층이 있는 곳에서만 성립할 수 있다. 또는 좀 더 강하게 표현하면 강제노동 계급과 자유노동 계급이 있는 곳에서만 성립할 수 있다.

인류가 전쟁하는 것을 잊어버렸을 때 인류에게 여전히 많은 것을(아니면 그때서야 정말 많은 것을) 기대하는 것은 공허한 열망이며 아름다운 영혼의 상태다.

나는 이들 평등을 설교하는 자들과 섞이고 혼동되고 싶지가

않다. 정의가 내게 말해 주고 있기 때문이다. '사람은 평등하지 않다'고.

누가 연상되는가? 미소지니스트(Misogynist)? 노예제나 계급 모순을 정당화하는 수구 우파 지식인? 제국주의자? 파시스트? 그렇다. 모두 니체가 쓴 글들이다. 위의 인용구들은 분명 니체 자신이 직접 쓴 것들이지만 그렇다고 해서 맥락과 무관하게 저 말들만을 취해서 니체를 규정하는 데 쓸 수는 없다. 니체가 이런 구절들을 페이스북이나 트위터에 올렸다면 어떻게 됐을까? 뻔하다. 여성혐오자, 전쟁광, 파쇼 등의 꼬리표와 함께 산 채로 '박제'되었겠지. 최근 SNS상에서 '박제'라는 말은 새로운 의미를 부여받고 있다. 누군가 '개념 없는' 글을 올리거나 댓글을 달면 스크린샷을 찍어서 영구보존하는 동시에 그것을 여기저기 퍼 나름으로써 망신을 주고 '디지털 낙인'을 찍는 행위를 '박제'라고 부른다. 이런 식으로 부분을 잘라서 취하면, 니체는 파시즘의 사상적 지주로 매장될지도 모르는 일이다.

SNS는 싸움터다. 싸움의 구도는 대개 이렇다. 언어표현의 폭력성이나 '언피시'(un-Political Correctness)함을 문제 삼는 이들이 한쪽에 있고, 그러한 지적질의 오만함과 편협함을 비아냥거리는 이들이 반대편에 있다. 예컨대, 유아인의 트윗을 둘러싼 '언쟁'만 해도 그렇다. 사건이 어디에서 시작되었으며 무엇으로부터 촉발되었는지는 중요하지 않다. 싸움의 핵심에는 서로를 규정하는 말들만 난무한다. "개소리 포장해서 멋있는 척하는 전형적인 한남짓 그만"이라는 비아냥에 "증오를 포장해서 페미인 척하는 메갈짓 그만"이라는 말이 맞섰고, "여혐"에는 "파시스트"라는 말이, "잠재적 범죄자"라는 규정에는 "폭도"라는 말이 맞섰다. 자신을 규정하려 드는 타인의 말에 분노하면서 자기 역시 타인을 재단하는 말들을 끊임없이 재생산하는 지루한 말싸움.

솔직히 혼란스럽다. 나는 '소수자'를 자임하며 단어 하나를 트집잡아 타인을 '파시스트'에 준하는 무엇으로 낙인찍는 이들을 보면서 참을 수 없는 불쾌감을 느낀다. 그렇다고 '표현의 자유'를 내세우며 '아무 말'이나 해대는 자들을 지지할 생각도 전혀 없다. 문제는 이들의 싸움 자체가 너무나 반생산적이라는 점이다. 서로를 낙인찍고 박제하는 싸움은 상대를 이해시키지도, 투쟁의 경계선을 새로 그리지도, 싸움의 구도를 변주해 내지도, 서로를 변화시키지도 못한 채 끊임없이 되풀이된다. 서로가 내뱉은 말들을 무기로 각자의 논리만 강화시키면서.

언젠가 친한 친구 중 하나가 '병신'을 비롯한 몇몇 표현들을 문제 삼기 시작했다. 말하는 이의 의도가 어떻든 그러한 단어들에는 소수자에 대한 비하가 함축되어 있으며, 혐오와 차별은 바로 이런 일상적이고 무의식적인 표현들 속에서 재생산된다는 것이다. 좋다. 구구절절 옳은 얘기다. 그러나 여전히 의문이 남는다. 무엇이 타자에 대한 배제를 만들어 내는 '타락한' 단어이고, 무엇이 그렇지 않은 '순결한' 단어인가? '좋은 단어'와 '나쁜 단어'를 구분하는 일람표를 누가 가지고 있단 말인가? 그런 방식으로 선악의 견고한 구분과 규범을 언어에 주입하고 그것을 잣대로 타인을 재단하는 것이야말로 언어를 통한 폭력이자 언어에 대한 폭력이 아닐까?

언어를 의심하는 언어

말들을 둘러싸고 벌어지는 이 전쟁에서 정작 누구도 전쟁터이자 무기이고 포위공격의 대상이기도 한 '언어'에 대해서는 의심하지 않는다. 문제가 되는 것은 오로지 올바른 표현과 부적절한 표현, 상대의 논리와 나의 논리, 너를 규정하는 말과 나를 규정하는 말일 뿐이다. 이들의 싸움에는 언어란 정보를 전달하고 의미를 드러내는 투명한 매체라는 생각이 전제되어 있다. 누군가의 단어 선택을 문제 삼을 수 있는 근거도 여기에 있다. 상대가 내뱉은 '병신'이라는 단어는 내가 문제 삼는 '바로 그 단어'이며, 그가 사용한 단어는 내가 문제라고 여기는 '바로 그 정신 상태'를 재현한다는 것.

> 문화 발전에서 언어의 의미는 인간이 언어 속에서 다른 세계와 맞서는 자신의 세계, 하나의 자리를 수립한 데 있다. 인간은 그곳을, 다른 세계를 근본적으로 바꾸어 자신이 그 위에 군림하기 위한 확고한 자리로 간주했다. (……) 실제로 인간은 언어로 세계를 인식할 수 있다고 믿었다. 언어를 창조하는 자는 자신이 사물에 대해 단지 기호를 부여할 뿐이라고 믿을 만큼 그렇게 겸손하지 않았다. 오히려 그는 자신이 사물에 대한 최고의 지식을 언어로 표현한 것으로 잘못 생각하고 있었다.(니체, 『인간적인 너무나 인간적

인」, 11절, 니체전집 7, 김미기 옮김, 책세상, 2001, 31쪽)

니체에 따르면 인간은 언어를 발명하면서 고유한 공간을 수립했다. 언어란 인간이 다른 세계에 맞서서, 그 위에 군림하기 위해 구성해 낸 자신의 세계다. 그러니까 언어는 인식과 소통을 가능하게 해주는 투명한 도구가 아니라, 그 자체의 자리를 구성함으로써 세계에 개입하고 세계를 뒤바꾸는 강력한 무기인 것이다. 언어와 세계는 서로가 서로에 개입하는 긴장 관계 속에 있다.

우리는 습관적으로 언어의 단일성으로부터 세계의 단일성을 유추해 낸다. 말을 갖다 붙임으로써 그 현상에 내재해 있는 의미를 끄집어 냈다고 믿는 것이다. 그러나 "말의 단일성은 사물의 단일성에 대해 아무것도 보증하지 못한다."(니체, 「인간적인 너무나 인간적인 Ⅰ」 14절, 36쪽) 우리가 언어를 통해 명명하기 전에 그러한 현상이나 사건의 의미는 선험적으로 결정되어 있지 않다. 언어는 그 자신과 일대일로 대응되는 무언가를 사후적으로 지시하지 않는다. 거꾸로, 언어에 의해 대상은 비로소 '대상'으로서 출현한다.

단일한 대상이나 의미와 본드를 바른 것처럼 찰싹 붙어 있는 게 아니라면, 도대체 '말'이란 무엇일까? 그것은 분명 의미를 출현시키고 대상과 관계 맺지만 결코 의미나 대상으로 완전히 환원되지는 않는다. 하나의 단어는 인접한 다른 단어들과의 관계 속에서, 그리고 그것이 놓여 있는 장(場)을 형성하는 모든 비(非)언어적인 것들과의 관계 속에서 고유한 뉘앙스(=힘)로 현현한다. 그렇기 때문에 언어는 매번 아주 구체적인 힘으로 작용하지만 어디로도 환원될 수 없는 모호함을 그 본질로 갖는다. 이런 의미에서 언어란 그 자체로 해석이다. 고정된 '언어'란 없으며, 언어 이전에 특정한 의미를 담지한 채 '언어화'되기를 기다리는 '중립적 대상'도 없다.

결국 언어에서 문제가 되는 것은 뉘앙스다. 특정한 언어를 사용한다는 것은 우리의 고유한 힘의지가 작동한다는 것이다. 따라서 우리의 언어에 대해 제기해야 할 질문은, 그것이 '정치적 올바름'에 부합하는가의 여부가 아니라 거기에 내포된 힘이 어떤 유형의 힘인가 하는 것이다. 그것은 긍정적이고 능동적인 힘인가, 부정적이고 반동적인 힘인가? 새로운 영토를 구성하면서 우리 자신으로부터 떠나가도록 만드는 힘인가, 아니면 양자택일의 구도를 강요하고 재생산하면서 영토에 갇히게 만드는 힘인가? 우리를 가볍게 만드는 힘인가, 무겁게 만드는 힘인가? 그것은 서로의 힘을 고양시키고 기쁘게 만드는가, 아니면 힘을 빼앗고 무기력하게 만드는가?

'우리' 선희는 어디에?

홍상수의 영화 〈우리 선희〉의 마지막 장면, 선희를 아끼는 세 남자는 선희가 떠난 창경궁에서 처음으로 한 자리에 모인다. '각자의 선희'만을 알고 있는 이들은 선희에 대해 이러쿵저러쿵 이야기하면서 '우리 선희'를 구축한다.

"걔가 성격이 좀 내성적이라 마음을 잘 안 열어요. 오래 됐는데
도 사실은 개 속마음을 잘 모르겠어요."

"그런데 똑똑하기는 해요, 걔가."

"그래 알아, 똑똑하지."

"머리 좋지. 안목도 좋고."

"오, 너도 아는구나?"

"그럼요, 후배인데 좀 알죠."

"고놈 참 귀엽지, 또라이 같기도 하고."

"되게 솔직해요, 진짜 용감하고."

"그래, 그런 것 같다. 사람들 보는 눈은 참 똑같구나."

"맞아요."

저들처럼 우리는 몇 개의 단어들을 주고받으면서 서로가 동
일한 실체에 도달해 있다고 믿는다. '내성적이지만 똑똑하고 안목
이 있으며 또라이 같으면서도 용감하고 솔직'하다는 언어적 규정
속에서 이들은 무엇을 보고 있는 걸까? '용감하다'는 말의 뒤편에
서 문수는 자신을 버려두고 홀연히 떠나는 선희의 뒷모습을, 재학
은 우산 아래서의 짧은 키스를, 최교수는 자신에게 추천서를 다시
써 달라고 조르는 그녀의 얼굴을 본다. 이런 각자의 단편적 경험들
이 어느 순간 '우리 선희'로 실체화되는 것이다.

재밌는 건, 이들이 공통적으로 갖고 있는 선희에 대한 규정이
말들의 상호복제와 반복, 모방에서 비롯되었다는 거다. 재학은 "내
성적이지만 안목이 있다"고 하는 최교수의 말을 무의식적으로 되

풀이하고, 문수는 선희로부터 들은 충고를 자기가 방금 떠올린 생각인 양 떠들어대는 식이다. 부유하는 말들. 선희가 떠난 창경궁에 떠도는 것은 공허한 말들뿐이다. 그러나 선희를 규정하는 말들 속에 선희는 없다. 말들이 그녀를 붙드는 바로 그 순간에도 선희는 "저한테 진짜 중요한 건 내가 누군지 아는 거예요"라고 말하며 자신을 규정하는 말들로부터 미끄러지는 중이다. 그런 점에서 선희는 어디에도 없다. 삶은 매 순간 언어의 규정성을 빠져나가는 과정 중에 있으며, 동시에 언어 또한 고정된 의미로부터 끊임없이 달아나고 있다.

유아인이 장문의 글을 올려 자신이 페미니스트임을 선언하면서 기이한 논쟁의 열기는 정점을 찍었다. 누군가는 그의 선언을 여성들에게 페미니즘에 대한 자신의 정의를 강요하는 '맨스플레인'(mansplain)의 전형적인 예라고 받아들였고(이른바 '유아인이 허락한 페미니즘'), 누군가는 그가 '가짜 페미니스트'들을 혼내 줌으로써 정의를 구현했다고 여겼으며, 심지어 어느 정신과 전문의는 유아인의 글을 읽고 '경조증' 증상을 의심했다.

'유아인'은 어디에 있는가? 유아인 또한 어디에도 없다. 그러나 사람들은 각자의 언어로 그의 실체를 붙들기라도 한 것처럼 굴고 있지 않은가? 서로가 서로를 언어로 낙인찍으면서 거기에 '진실'이 있다고 믿고 있지 않은가? 그러나 그 '진실'이란 각자의 언어가 만들어 낸 '상상' 혹은 '신념체계'에 불과한 것은 아닌가? '경계 없는 소통의 장' SNS에는 서로를 무력하게 하고 피로하게 만드는 언어적 규정들만이 범람하고 있다.

두 방향의 힘, 두 개의 폭력

우리가 말을 통해 주고받는 것은 정보가 아니라 힘이다—니체는 이러한 사실을 누구보다 깊이 이해하고 있었다. 그는 언어의 투명성을 의심했다. 그렇다고 그가 언어 자체를 회의한 것은 아니다. 오히려 니체는 언어를 의심함으로써 언어에 실재성을 되돌려 준다.

니체의 글들을 보라. 그의 글은 어떤 총체적 앎을 드러내고 전달하기 위한 도구 같은 것이 아니다. 그는 언어를 가지고 앎의 체계를 세우는 대신 각각의 단어를 음표삼아 일종의 악보를 썼다. 그의 악보에서 '단어=음표'들은 고정된 의미로 환원되지 않고 다른 '단어=음표'들과 함께 독특한 선율을 이룬다. 니체가 그의 글을 통해 전달하고자 한 것은 체계화된 앎이 아니라 글쓰기가 만들어 내는 선율이자 힘이었으며 뉘앙스였다. 니체 읽기가 어려운 것은 그 때문이다.

니체는 독자에게 지식을 수동적으로 받아들이는 일을 허용하지 않는다. 독자인 우리는 그의 악보를 연주해야 한다. 다시 말해 우리의 모든 힘을 동원해서 그의 글을 해석해야 한다. 물론 우리는 언제나 이미 '해석'하고 있다. 그러나 많은 경우 우리의 해석은 우리 자신의 허구적 동일성을 강화시키거나 대상의 의미를 고정시키고 실체화시키는 방식으로 이루어진다. 해석되어야 할 '니체'와 해석하는 '나'의 거리가 변주될 때, 다시 말해 니체읽기가 자신의 변형을, 나아가 니체의 변형까지를 수반할 때 우리는 비로소 니체를 자유롭게 '연주했다'고 말할 수 있을 것이다.

니체의 글은 폭력적이다. 비판과 상징, 역설의 글쓰기를 통해 우리의 익숙한 사고방식을 단숨에 무너뜨리기 때문이다. 니체는 우리가 자기 자신이라고 믿으며 소중히 여기는 모든 것들이 우리를 구속하는 족쇄임을 폭로하고, 우리가 안전한 영토라고 믿고 있는 곳이 사실은 이질적인 것들의 투쟁이 끊임없이 벌어지는 전쟁터임을 보게 한다. SNS상의 말들 역시 폭력적이다. 논쟁하는 자들은 끊임없이 서로를 '혐오'로, 'ㅇㅇ충'으로 규정한다. 상대를 언어적 규정성에 가두고, 그렇게 함으로써 자신의 정당성과 올바름을 견고하게 하는 것이다. 우리의 폭력성은 타인을, 그리고 자기 자신을 스스로의 언어적 규정성이 만들어 낸 조야한 세계에 감금한다. 나를 '나'로부터 떠나게 만드는 폭력과 나를 '나'에 가두는 폭력.

우리는 SNS를 통해 언제나 타인들과 '접속'되어 있다. 그러나 상처와 서로를 규정하는 말들, 그리고 자기논리만을 재생산하는 '접속'이란 절교선언에 다름 아니다. 소통에 반하는 소통, 지극히 반생산적인 소통. 소통하기 위해 어쩌면 우리는 침묵하는 법부터 배워야 하는 건지도 모르겠다. 판관의 제스처를 중단하고, 자신의 무기부터 다듬을 것.

16장 어느 것도 아닌, 동시에 모든 것인 성(性)

'한남'과 '페미' 사이에서

내게는 고등학교 시절부터 친하게 지낸 두 친구(남녀 한 명씩)가 있다. 따지고 보니 우리 셋은 이렇다 할 공통점도 없고 이제 자주 만나지도 못한다. 그렇지만 묘한 유대감 같은 걸 가지고 있다. 말하자면 서로의 유치한 모습들을 속속들이 알고 있는 편안하고 신뢰할 수 있는 관계랄까. 지금은 나를 제외한 둘 모두가 외국에 나가살고 있지만 우리는 종종 메신저로 대화를 나눈다. 그런데 최근 들어 매우 비슷한 갈등 상황이 반복되고 있다.

고등학교를 졸업하고 우리는 꽤 오랫동안 각자의 경험을 축적해 왔다. 나와 또 다른 친구가 군대에 다녀올 동안 나머지 한 친구는 일련의 '사회적 경험'들과 더불어 페미니스트가 되었다. 그냥 유행을 따라 페미니즘을 적당히 소비하는 차원이 아니라, 소셜미디어를 통해 수시로 발언하고 칼럼을 쓰기도 하는 진성(?) 페미니스트가 되었다. 페미니스트가 된 친구는 물론 나를 포함한 나머지 둘을 '계몽'하고 싶어했다. 페미니즘에 관심을 좀 가져라, '혐오 표현'들(김치녀, 보슬아치 등 직접적 혐오 표현들부터 외모 평가와 같은 간접적인 방식까지)을 쓰지 마라, 리벤지 포르노를 보지 마라 등등. 우리는 대체로 말을 잘 듣는 편이었다. 틀린 말을 하는 것도 아니고, 불편하다는데 무시할 이유가 하나도 없었으니까. 그런데 군대를 다녀온 이후부터였을까, 나머지 한 친구의 태도가 조금 달라졌다. 페미니스트 친구가 하는 이야기를 듣기 싫은 잔소리로 여기고, '가르치려 드는' 태도에 자존심 상해하기 시작한 것이다. 어느 순간부터 자신의 생각과 반응, 표현들을 지적하는 것이 '억압'으로 느껴지기 시작한 모양이다. 반발심 때문이었을까. 이 친구는 농담 반 진담 반으로 '한남'을 자처하기에 이르렀다.

흔하다면 흔한 갈등이다. 그런데 이 둘 사이에 낀 나는 어떻게 해야 할까? 나는 '페미니스트' 친구에 공감하기도 하고 또 '한남' 친구에게 동조하게 되기도 한다. 그리고 때로는 둘 모두에게 불편함을 느끼기도 한다. 그동안 둘 사이에서 나는 적당한 선을 지키며 제3자의 자리를 지켰다. 그러던 중 문득 '이대로는 안 되겠다!'라는 생각이 들었다. 애초에 나는 (다른 모든 문제에서도 마찬가지지만) 성(Gender이든 Sex이든)의 문제에 있어서 단 한순간도 '제3자'일 수 없다. 어쩌면 둘 사이의 갈등을 이렇게 바라보고 있는 나는, 스스로를 '중립'에 위치시키면서 지금 내가 느끼는 불편함과 의문들을 외면하고 있었던 건 아닐까? 나의 불편함과 의문들을 나 혼자만 간직한다면, 그것은 내 친구들에 대해 정직하지 못한 일일 것이다. 나는 내 친구들에게, 그리고 나 자신에게 솔직해지고 싶다. 친구들과 얼굴을 마주보고 허심탄회하게 이야기를 나눌 수 있다면 좋겠지만, 물리적 거리 때문에 지금 당장은 무리다. 대신 이 글로 말을 건네고 싶다.

나의 친구들에게 보내는 편지

① '한남'이 '한남'에게

정색하고 진지한 애기하는 걸 싫어하는 내 친구. 언제부터인가 농담 반 진담 반으로 스스로가 '한남'임을 인정하고 있는 친구. 편견을 지적하면 "나는 꼰대라서 어쩔 수 없어"라고 말하고 웃음으로 무마하는. 솔직히 말해서 나는 너를 이해한다. 나도 '한남'이니까. 때문에 나는 너를 간단히 '시대에 뒤처진 인간' 취급해 버릴 수가 없다. 처음에는 듣는 척이라도 해보려고 했던 페미니스트 친구의 말이 시간이 흐르며 점점 억압적인 명령으로 들리기 시작했겠지. 그 말들이 '올바르다'는 걸 부정하는 건 아니지만, 올바르다는 걸 알기 때문에 더 답답하게 느껴지는 게 아닐까? '올바름'으로 무장한 명령만큼 사람을 옥죄는 건 없으니까. 단어 선택 하나를 가지고 너를 인간 이하 취급하거나 사사건건 너를 가르치려 드는 게 분명 너를 지치게 했을 거다. 범죄를 저지른 것도 아니고 남들을 해할 마음이 손톱만큼도 없는, 그냥 게임하기를 좋아하고 친구들과 어울리기를 좋아하는 선량하고 평범할 뿐인 너를, 너의 '자연스러

움'을 부정하려 드는 것 같다고 느꼈을 것 같다. 그래서 다 귀찮아
진 너는 그냥 '한남'임을 받아들이기로 한 게 아닐까?

나는 교조적인 페미들이나 자신의 'PC함'을 과시하는 사람
들이 재판관이나 경찰관의 역할을 수행하려 하는 것을 볼 때, 혹
은 자신의 관점을 절대화하면서 남들의 말과 행동을 세세하게 재
단하려 할 때, 불편함을 느낀다. 그들이 옳은지 그른지는 중요하지
않다. 옳든 그르든 그러한 행동은 자신들과 타인들을 모두 무력화
시키는 억압으로 작동한다. 그런데, 여기에 맞서 '나는 원래 이렇
게 생겨먹었어'라고 말하며 자신의 패턴화된 감각과 익숙한 사고
방식을 계속 고수한다면 우리가 자유로워질 수 있을까? 그것은 우
리 자신에 대한 또 다른 억압이 아닐까?

나는 '한남'이라는 말이 불편하다. 이 말이 나의 실존을 '한국
인', '이성애자', '남성'이라는 몇 가지 규정들로 요약하려 드는 것처
럼 느껴지기 때문이다. 나는 분명 '한국남자'가 맞지만, '한국남자'
라는 말은 나에 대해 아무것도 말해 주지 않는다. 그런데 이러한
억압과 규정에 맞선, "나는 원래 이래"라는 너의 항변은 있는 그대
로의 너 자신을 긍정하는 일일까? 아이러니하게도 그러한 자기고
수는 '한국인', '이성애자', '남성'이라는 정체성에 너 자신을 일치시
키는 일로 귀결된다. "너 한남이지?" "그래 나 한남이다!"라는 이상
한 싸움. 그러나 이때 정말로 '억압'되고 있는 것은 몇 가지 정체성
들로는 결코 환원되지 않는 너의 느낌, 욕망, 생각, 경험 등등이 아
닐까.

나는 교조적 페미니스트들을 볼 때만큼이나 혐오와 편견이

뒤섞인 말들을 주고받으며 자기 자신의 '남성성'을 재확인하는 '한남'들 사이에서도 불편함을 느낀다. 그리고 이것은 페미니즘이나 정치적 올바름의 관점에 나를 대입한 결과로 느껴지는 불편함이 아니다. 이것은 나의 기질에 의한 것이기도 하고, 공부하는 사람으로서 내가 느끼는 것이기도 하고, 나의 구체적 경험들로부터 비롯되는 것이기도 하다. 나는 '한남'이기를 거부하고 싶다. 그것이 도덕적으로 올바르지 못하기 때문이 아니라, '한남'이라는 규정을 재생산하는 것이 나를 부정하는 일로 느껴지기 때문이다. 나는 문득문득 생각하게 된다. 진지한 얘기를 꺼리는 네가 회피하고 있는 것이 단지 페미니스트 친구의 '올바른 말들'일 뿐인 걸까? 혹시 너는 욕망에, 그리고 너 자신에 직면하는 일을 회피하고 있는 것은 아닐까?

② '페미'가 '페미'에게

스스로를 온건한 휴머니스트 페미니스트로 소개하는 나의 친구. 넌 어떻게 생각할지 모르지만 내 안에도 분명 페미니스트가 있다. 나는 어떤 방식으로든 '폭력적인' 남성이 되고 싶지 않고, 페미니즘에 가장 강하게 저항감을 느끼는 순간조차도 성차별주의자가 되는 것에 대한 두려움과 거부감이 훨씬 더 크다. 난 어떤 점에서 네가 말한 적이 있는 '당사자주의'에 공감한다. 어떤 사람들은 페미니스트들의 논리상의 오류나 극단성 따위를 들어서 페미니즘을 비웃곤 한다. 그러나 나는 누구도 페미니즘을 오류, 비논리, 불합리라는 말로 비판할 수는 없다고 생각한다. 지금 이곳의 페미니즘은 이론이나 강령이기 이전에 한국에서 여성으로 살아온 사람들이 느낀 어떤 '참을 수 없음'의 표현이니까. 난 그러한 절실함 앞에서 점잖은 척 논리의 모순이나 한계를 지적하는 자들의 다수적 감수성이 경멸스럽다. 역차별을 운운하는 치졸한 인간들에 대해서는 말할 필요도 없다.

　그러나 동시에 나는 바로 그 '당사자주의'가 의문스럽기도 하다. 혹시 당사자주의를 말하는 것은 '주어진 성'을 전제하는 게 아닐까? 남성이 있고, 여성이 있다. 그리고 아주 오랫동안 남성이 여성을 억압해 왔고 여성은 자신의 욕망을 자각하고 그러한 억압에 저항하기 시작했다. 따라서 이것은 어디까지나 '여성'의 싸움이다. 여성이 맞서 싸워야 할 적이 기득권으로서의 남성 일반인지, 남성과 여성 모두가 내면화해 온 낡은 편견들인지, 교묘하게 여성들에 대한 배제와 혐오를 실행하는 동시에 그것을 정당화하고 은폐하는 시스템인지, 아니면 그 모든 것들인지에 대해서는 견해의 차이가 있을 수 있다. 하지만 분명한 것은 이것이 여성의, 여성을 억압하는 것들에 대한 싸움이라는 점이다. 그런데 난 이런 구도가 너무 답답하게 느껴진다. 이런 구도 속에서 '남성/여성'이라는 분할 자체는 문제화되지 않는다. 그저 주어진 남성/여성의 대립으로부터 '성평등'이라는 거대하고도 모호한 이상으로 향하게 된다. 이런 구도는 성 정체성이 모두 사라진 유토피아를 무력하게 상상하거나, 국가나 사회를 향해 남성들과 동등한 만큼의 '권리'를 보장해 달라고 요구하는 일로 귀결될 수밖에 없지 않을까? 물론 권리투쟁도 중요하다. 그러나 남성들과 완벽하게 동등한 권리를 획득하고,

모든 낡은 편견들이 사라지면 여성들은 (적어도 자신들의 성에 대하여) 자유로워질까?

우리는 우리를 특정한 방식으로 살아가게끔 하는 배치 속에서 남성이나 여성으로, 소비자로, 국민으로, 특정한 세대의 구성원으로, 가족의 일원으로 만들어지는 과정 중에 있다. 그것을 자본주의라고 부르든 가부장제라고 부르든, 우리를 구성하는 역사적이고 사회적인 '배치'는 우리의 '진정한 욕망'을 억압하는 외부의 적이 아니다. 그것들은 우리의 욕망과 무의식을 구성하는, 우리를 살아가게 하는 조건이다. 이러한 조건에 대한 이해와 무관하게, '여성'이라는 주어진 정체성으로부터 출발해서 '여성을 억압하는 권력'에 대해서만 싸움을 벌이는 게 가능할까? 나는 가부장제의 부당함을 지적하고, 사회구조적 모순과 싸우고, '한남'들의 무지몽매함을 지탄하고, 정치적 올바름을 강조하는 것만으로는 우리가 충분히 '실천적'으로 될 수 없다고 생각한다. 아니 반대로 억압과 배제가 없는 유토피아를 수동적으로 상상하지 않아도, 국가가 권리를 보장해 주기를 기다리지 않아도, 지금 여기에서 우리의 자유를 구성하기 위해 할 수 있는 일들이 무궁무진하다고 믿는다.

참을 수 없는 존재의 미숙함

나는 내가 나의 성(性)에 대해서 미숙하다고 느낀다. 시도 때도 없이 변화하고 자극받던 몸과 매일 전쟁을 치르던 10대 시절만이 아니라 몸도 비교적 잠잠(?)해지고 섹스에 대한 환상도 많이 줄어든 지금도 난 나 자신이 여전히 나의 성에 대해 너무나 무지하고 미숙하다고 느낀다.

가령 페미니즘이 제기하는 문제들에 대해서 나는 내 입장을 정하기가 곤란한 경우가 많다. 말한 것처럼, 분명 내 안에도 페미니스트가 있다. 난 절대, 죽어도, '폭력적인' 남자가 되고 싶지 않다. 연애에서 내가 주도권을 가져가게 될 경우, 나는 스스로 되묻곤 한다. 나는 가부장적 남성인가? 가부장제가 요구한 남성성에 대한 이미지가 나로 하여금 이런 방식으로 행동하도록 규정하고 있는 걸까? 혹은 내가 어설프게 주워들은 페미니즘 담론들이 인간 대 인간의 관계를 침식하고 자연스럽지 못하게 간섭하고 있는 건 아닌가? 이런 경우 상대와의 관계에서 솔직하다는 건 뭘까? 데이트 비용을 누가 얼마나 부담할 것인가, 라는 문제만 해도 머릿속이 복잡하다. 깔끔하게 더치페이? 아니면 상대에 대한 호의로 더 내고 싶은 사람이 내면 되는 걸까? 그런데 '호의'가 그러한 방식으로 드러나는 데에는 이미 성 역할에 대한 어떤 무의식적 전제가 작동하고 있는 게 아닐까? 상대에게 지나치게 '잘해 준다'는 것은 혹시 상대를 한 명의 인간으로서 충분히 존중하지 않고 있음을 보여 주는 일은 아닐까? 이런 생각들 사이에서 갈팡질팡하는 와중에, 자신이 내면화한 시선들을 감당하지 못해서 자기 스스로도 편안하지 못하고 함께 있는 사람도 불편하게 만들어 버리는 나를 한심한 눈으로 내려다본다.

또 섹스를 할 때는 서로가 불편하지 않은 한 자신의 욕망을

'있는 그대로' 표출하면 되는 걸까? 섹스 중에 상대에게 뭔가를 요구하는 것은 상대를 내 욕망 충족을 위한 대상으로 간주하는 일일까? 혹은 아무것도 요구하지 않는 것이야말로 어떤 힘관계를 전제하는 데서 비롯된 (강자-남성인 나의 약자-여성인 상대에 대한 요구는 폭력이다, 라는 식의) 관념일까? 어쨌든 서로가 만족하기만 하면 되는 걸까? 다 필요 없고 그냥 마음 가는 대로 하면 되는 건가? 그런데 이런 고민들을 방기하고 '마음 가는 대로' 한다는 것은 관계 안에 내재되어 있을지 모를 폭력과 억압에 대해 눈을 감아 버리는 일이 아닐까? 나는 내가 미심쩍다고 생각하는 정치적 올바름을 너무나도 의식하고 있는 나 자신을 발견하고 나 자신에 대해 답답함을 느끼는가 하면, '이것이 내 안에 잠재되어 있는 여성혐오인가?' 하고 스스로에 종종 흠칫 놀라기도 한다(가령 '여성스러운' 남자들이 이유 없이 꼴 보기 싫을 때). 미숙해도 너무나 미숙하다. 이러지도 저러지도 못하는 나 자신을 보면서 자연스레 깨닫게 되었다. '윤리의 부재'란 무엇이 올바른지를 모르는 무지함이 아니라 타인과, 그리고 나 자신과 관계 맺는 '기술'(ars)의 부재라는 것을.

타인과의 관계에서 문제가 되는 것이 비교적 '의식적인' 차원의 문제들이라면, 나 자신과의 관계에서는 나의 욕망이 항상 문제가 된다. 포르노의 이미지와 미디어가 보여 주는 연예인들의 성적으로 대상화된 이미지에 내 몸은 매우 '신속 정확'하게 반응한다. 이런 문제는 어떻게 해야 할까? 나는 여전히 내 몸에 대해서 죄의식을 느끼거나 '자연스러운 것'이라고 정당화하는 양극단의 태도 말고 어떤 입장을 취해야 할지 알지 못한다. 그러나 양쪽 모두에 대해서 의문을 품지 않을 수 없다. 죄의식을 느끼는 것은 나 자신의 동물성을 법정에 세우려 드는 지극히 인간적인 자기기만이 아닐까? 반대로 나의 욕망을 '자연스러움'이라는 말로 포장하는 것은 어떤가? 혹시 그것은 타인을 내 판타지에 부합하는 성적 기호로 환원해 버리는, 내 안의 미시적 파시즘을 정당화하는 일이 아닌가? 나는 진부한 이미지들에 너무 손쉽게 낚이는 내 신체를 도저히 긍정할 수도, 그것을 '죄의식'이라는 방식으로 무력하게 해석해 내는 나의 의식에 동화될 수도 없다.

'남성성'에 대해서는 어떤 태도를 취해야 할까? 사실 남성성이라는 건 전적으로 허상이지 않은가? XY 염색체를 가지고 있다는 것은 그 자체로 무엇도 '의미'하지 않는다. '남성'이라는 신체에 부여된 '남자'라는 어떤 실존의 양식은 사회적으로 만들어진 것일 뿐이다. 그럼에도 불구하고 남성성은 나를 특정한 방식으로 살아가게끔 하는 힘으로서 내 신체의 세세한 부분에 각인되어 있고, 나의 감각을 틀 짓고 있으며, 나의 일상 곳곳에 스며들어 있다. 가령 가끔씩 나는 내가 '여성적'이라고 여기는 정서들 혹은 행위양식들에 대한 무의식적 거부감을 지니고 있다는 것을 느낄 때가 있다. 그리고 그러한 거부감에 '남성다움'에 대한 전제가 작동하고 있음은 말할 것도 없다. 그렇다면 나는 나의 남성성 전부와 불가능한 싸움을 벌여야 하는 걸까? '남성성'이란 건 어디에도 그 자체로 주어져 있지 않지만, 지금 여기에서 나름의 방식으로 남성성을 구현하고 있는 나 이외에 젠더의 규정성을 모두 벗어난 '나' 또한 존재하지 않는다. 나는 한 명의 '한국남자'로서 내게 가해지는 힘들과 관계하며 무언가를 감각하고 인식하고 판단하고 해석하며 지금을 살아가고 있고 살아가야 한다. 어디까지가 '한남'으로서 주입받은 가부장제의 잔재이며 어디부터가 나의 진짜 욕망인가?

몸은 이름을 모른다

그런데 '의식'이 아니라 '몸'을 출발점으로 삼는다면 나의 성이란 무엇일까? 사실 '인간', '남성', '이성애자'라는 건 나의 의식이 포착한 표상들일 뿐이다. 내 몸은 내가 누구인지 모른다. 내 이름을, 내 성정체성을, 나아가 내 종(種)을 모른다. 몸은 그런 규정들을 알지 못할 뿐만 아니라 관심조차 없을 것이다. 사실 내 몸을 이루는 세포들은 그저 결합하고 또 해체될 뿐이다. '유기체', '인간', '남성', '이성애자' 따위의 말들은 이 비유기적 몸체가 이루고 있는 일시적인 비율에 대해서 사후적으로 부여된, 말 그대로 '이름들'일 뿐이다. 몸은 이름을 모른다. 이름 따위는 안중에도 없다는 듯, 늘 그것을 넘쳐 흐른다.

　남자인 나는 때로 로맨틱 코미디의 여주인공에 나를 이입하고, 넋을 놓고 예쁜 남자 아이돌들의 영상을 보기도 한다. 스마트폰을 자꾸 확인하게 되거나 재밌는 소설에 빠져서 책을 놓지 못할 때는 내가 그 물건들과 다른 무엇보다도 강하게 성적으로 접속하고 있다는 느낌을 받기도 한다. 그동안 나는 습관적으로 이렇게 생각해 왔다. 나는 누가 뭐래도 인간 남자고 인간 여자가 좋다고. 기본적으로 인간-남성-이성애자인 내 안에 조금씩 다른 요소들이 들어 있을 뿐이라고. 가끔 헷갈릴 뿐이라고. 그러나 혹시 사태는 정반대인 게 아닐까? 실은 책과, 스마트폰과, 음식과, 기타와… 온갖 것들과 접속하고 있는 미규정적인 몸으로서의 내가 있을 뿐인 게 아닐까? 우리가 정체성이라고 부르는 것은 단지 사회적 코드에 복종한 우리의 의식이 그 중 몇 가지 관계를 특권화해서 만들어 낸 이미지일 뿐인 게 아닐까? 그렇다. 혼새성이야말로 우리 신체의 조건이다!

남자들, 특히 한국남자들은 동성애에 대한 두려움을 지니고 있다. 여기에는 편견의 차원을 넘어서는 무언가가 있다. 특히 군대에서 그런 것을 많이 느꼈다. 군대에서 동성애 혐오는 모두가 공유하는 암묵적인 전제 같은 것이다. 대화 중 그런 주제가 나오거나 TV에서 관련된 내용이 나오면 다들 한마디씩 더러운 말을 내뱉는다. 밖에서라면 소수자의 인권을 옹호했을 법한 사람들도 그 순간만큼은 침묵한다. 나 역시 그랬다. 그런데 군대 안에서의 동성애 혐오는 뭐랄까, 공격적이라기보다는 방어적인 느낌을 준다. 혹시 그것은 성의 근원적인 불안을 느낄 수밖에 없는 상황(즉 여성들이 없는 상황)에서 그러한 불안을 떨쳐 내기 위한 발악이 아니었을까(우리의 주적은 북한이 아니라 내 안의 게이!?)? 매번 규정성을 빠져나가는 나의 몸, 나의 성과 관계 맺는 기술이 부재할 때 우리는 어떤 하나의 '정체성'에 집착하고 그에 부합하지 않는 것들을 차단하거나 배제하게 된다. 우리를 성차별주의자로 만드는 것은 유교적 전통이 아니라 정체성에 대한 집착이며, 자기 신체에 대한 무지(=

무능)다. 무지, 파시즘이 잉태되는 자리. 성 윤리의 문제는 평등이나 존중 같은 공허한 말들이 아니라 바로 이 우리의 삶의 조건이기도 한 불안정성으로부터 제기되어야 하는 것이 아닐까?

> 사람에게 있어 위대한 것은 그가 하나의 교량이라는 것, 목적이 아니라는 것이다. 사람에게 있어 사랑받을 만한 것은 그가 하나의 오르막이요 내리막이라는 것이다./ 나는 사랑하노라. 몰락하는 자로서가 아니라면 달리 살 줄 모르는 사람들을. 그런 자들이야말로 저기 저편으로 건너가고 있는 자들이기 때문이다.(니체, 『차라투스트라는 이렇게 말했다』 니체전집 13, 정동호 옮김, 책세상, 2000, 21쪽)

니체에 따르면 인간은 언제나 '중간'이다. 교량이며 시도이고 오르막이며 내리막이다. 우리는 존재(being)가 아니라 되어감(becoming)이다. 우리는 언제나 과정 중에 있을 뿐 결코 목적지가 아닌 것이다. 니체는 우리의 신체와 정신을 그 자체로 결정된 것이 아닌, 다종다양한 힘들의 전쟁터로 보았다. 남성, 여성과 같은 정체성들은 힘들 사이의 투쟁의 일시적인 결과일 뿐이다. 따라서 출발점이나 목적지로 기능할 수 있는 고정된 정체성이란 존재하지 않는다. 어쩌면 우리는 계속해서 주어진 정체성과의 관계에서만 성을 문제 삼아 왔는지도 모르겠다. '남성', '여성', '페미니스트', '한남', '나', '너'…. 내가 나의 구체적인 문제들에 대해서 관계의 기술을 갖지 못했던 것은, '객관적이고 균형 잡힌 관점을 지닌 남성'이라는 정체성에 나를 일치시키고자 했기 때문일지도 모르겠다. 고정된 정체성을 욕망하는 사이에 내가 보지 못했던 것은 바로 '관계'였다. 나는 "어떻게 지금 나를 구성하고 있는 무수한 관계들 속에서 능동적일 수 있을까?"라고 질문하지 않았다. "무엇이 가장 올바른가?"를 부질없이 묻고 또 물었을 뿐이다. '과정'과 '관계'만이 전부인데도 말이다.

그렇다면 어떻게 이 관계와 과정 속에서 자유롭고 능동적일 수 있을까? 나는 '남성'이나 '여성'과 같은 정체성으로 환원되지 않는, 그러면서도 너무나 매력적인 사람들을 알고 있다. 니체만 해도 그렇다. 그의 커다란 수염은 '남성적'이고 '권위적'인 첫인상을 준다(니체는 수염에 대해 재미난 말을 한 적이 있다. "가장 온후하고 공정한 사람도 단지 커다란 콧수염을 기르고 있다면… 사람들은 대개 그를 큰 콧수염의 부속품"[니체, 『아침놀』 381절, 니체전집 10, 박찬국 옮김, 책세상, 2004, 315쪽] 정도로 취급한다고). 아마 종종 웅변적인 그의 문체 또한 그런 이미지에 기여했을 것이다. 그러나 니체를 읽어 보면 그의 사유가 결코 '남성적'이라는 말로 포착될 수 없음을 알 수 있다. 여성에 대해서 페미니스트들이 자주 문제 삼는 발언을 할 때조차도 나는 니체가 '남성적 감수성' 속에서 그러한 말을 하고 있는 것은 아니라고 생각한다. 그렇다면 니체는 여성적인가? 아니다. 그의 섬세함과 예민함은 우리가 흔히 여성적이라고 말하는 표상으로는 도저히 이해되지 않는다. 나는 생각해 본다. 어떤 정체성으로도 환원되지 않는 니체의 고유한 특이성이 곧 그가 구성한 자유로움이며 해방이 아니었을까, 하고.

니체는 누군가에게 권리를 요청하지도 않았고 평등한 사회를 꿈꾸지도 않았다. 그렇다면 그는 어떻게 그의 자유를 구성한 것일까? 니체는 자신을 둘러싼 모든 것들에 쉬지 않고 질문을 던지고, 모두가 당연하다고 믿고 있는 것들을 의심하면서 세계와, 자기 자신과 다르게 관계 맺기를 시도했다. 니체는 그런 과정 속에서 '과정'과 '중간'으로서의 자기 자신을 긍정할 수 있었다. 끊임없이 자기 자신을 극복하는 과정 속에서 니체는 '남성'이나 '여성'으로 환원되지 않는 자신의 고유한 '니체의 성'을 구성했다. 사람에게 있어 위대한 것은 그가 하나의 교량이라는 것이다. 남성에게 있어 위대한 것은 그가 하나의 교량이라는 것이며, 여성에게 있어 위대한 것도 그가 하나의 교량이라는 것이다. 우리는 모두 교량이다. 여성도 아니고 남성도 아닌, 동시에 그 모두인. 때문에 우리는 언제든 우리의 자유를 구성하기를 시도할 수 있는 것이다. 출발점도 목적지도 아닌, 언제나 '중간'에서부터.

17장 즐겁고 유쾌한 정치는 불가능한가

정치는 노잼이다

정치, 너무나 도덕적인

난 '깨어 있는' 선생님들과 어른들로부터 정치에 관심을 가져야 한다고 배우며 자랐다. 정치는 우리의 삶에 직접 연결된 것이니 무관심해서는 안 된다고. 늘 '깨어 있어야' 한다고. 어렸을 적 나의 부모님은 나를 온갖 시위에 데리고 다녔다. 효순이·미선이 사건부터 새만금 간척사업 반대, 4대강 사업 반대, 한미 FTA 반대까지. 나는 그런 시위들에 참여하면서 '올바름'에 대한 어떤 감각을 익힌 것 같다. 자연을 파괴하고, 가난한 사람들을 착취하고, 소수자들을 차별하는 '나쁜' 자들이 있고(그런 자들은 늘 힘 센 다수였다), 그들에 맞서 싸우는 선량하고 계몽된 시민들이 반대편에 있다. 내게 '정치적 감각'이라는 것은 이러한 두 진영을 구분하고 약자의 편에 설 줄 아는 능력을 의미했다.

나의 '정치적' 경험들은 점점 쌓여 갔다. 4대강, 한미 FTA, 제주 해군기지, 밀양 송전탑, 세월호 등의 이슈들을 거쳐 왔고 몇 번의 투표를 했다. 그러나 나는 늘 같은 딜레마에 빠졌다. 무엇이 옳은지는 너무나 자명하다. '자연', '평화', '평등'. 그런데 어째서 나의 욕망은 '정치'로 향하지 않을까? 내게 정치란 너무도 금욕적으로 보였다. 아마추어 환경운동가인 아빠는 늘 서울의 아파트에서 반(反)자연적인 중산층의 생활을 영위하는 데 대한 죄책감을 갖고 있는 것처럼 보였다. 그리고 그러한 도덕적 구도는 모든 곳에 적용되었다. 우리가 관심을 가져야 할 정치적 사안들은 널려 있었다. 노동자들의 파업, 부당하게 쫓겨난 원주민들의 투쟁, 차별당하는 소수자들의 싸움, 대규모 개발로 인한 자연의 파괴 등등. 연대해야 하고 투쟁해야 하는데, 그러기엔 난 너무 이기적이고 게으르고 무관심했다.

　　내게 정치는 늘 '노잼'이었다. 그도 그럴 것이 내게 정치란 늘 도덕의 영역 안에 있었기 때문이다. 그곳에는 옳은 것과 옳지 못한 것이 있을 뿐, 생각하고 고민하고 질문할 여지는 없었다. 당위들이 빚어 내는 비장함과 무엇이 올바른지 알면서도 행하지 않는다는 부채감, 그리고 '현실 정치'의 저열함에 대해 느끼는 환멸감. 나의 '정치'를 이루는 정서들은 대체로 이런 것들이었다. 한마디로, 내가 생각하는 정치에는 '웃음'이 없었다. 그러나 웃음? 웃음이라고? 정치에 재미와 웃음이 가당키나 한가?

웃음의 힘!

요절한 미국 스탠드업 코미디의 전설 빌 힉스는 공연 말미에 늘 같은 이야기를 들려주었다고 한다. 그 내용은 이렇다. 사실 우리의 인생은 일종의 롤러코스터 타기다. 삶이라는 롤러코스터는 빙글빙글 돌고 위로 올라갔다 아래로 떨어지기를 반복한다. 스릴도 있고 오싹하기도 하고 시끄럽기도 하지만, 기본적으로 재미있다. 그런데 사람들은 점차 자신들이 타고 있는 롤러코스터를 '진실'이라고 믿고 거기에 자신들의 기대와 걱정을, 의미와 목적을 투사하기 시작한다. 그리고 이것이 그냥 롤러코스터일 뿐이라는 사실을 깨닫게 해주려는 사람들(힉스는 예수부터 시작해서 간디, 마틴 루서 킹, 존 레논을 언급한다!)을 죽인다. "닥쳐! 내가 여기다 투자한 게 얼만데. 저 새끼 입 막아! 걱정으로 주름져 버린 내 얼굴을 봐. 내 은행 계좌 속의 돈을 봐. 내가 먹여 살리는 가족을 봐. 이건 진짜여야 해"라고 말하면서. 힉스는 거창한 담론이 아니라 웃음을 통해 삶의 미망을 꼬집는다. 이봐들, 삶이란 단지 롤러코스터 타기(Just a Ride)라구!

내가 보기엔, 니체 또한 그랬다. 니체는 사유의 전복성으로부터 발생하는 웃음을 무기로 삼아 인간을 무겁게 만드는 모든 종류의 미망(迷妄)들——이상주의라는 이름의 허무주의——과 싸웠다. 니체에게 웃음이란 더없이 강력한 것이었다. 웃음은 절대 허물어지지 않을 것이라고 믿어 의심치 않던 인식의 기반이 허물어지는 순간에 터져나오는 것이기 때문이다. 그리고 그러한 웃음은 우리가 전부라고 여겨 온 모든 가치들이 사실은 아무것도 아님을 폭로

한다. 그렇게 웃음에는 우리가 얽매여 있는 가치들을 뒤집어보게 하는 전복적 힘이 내재해 있다. 나는 니체를 읽으며 이러한 웃음의 힘을 느낄 수 있었다. 니체는 가장 심각하고 심오하고 과격한 이야기를 할 때도 웃음을 잃지 않는다. 그래서 니체를 읽으면 가벼워진다. 유쾌해진다. 그의 사유에 내포된 웃음의 힘이 우리를 전염시키기 때문이리라.

정치, 미지의 친구를 만드는 일

여전히 정치는 나의 화두다. 나는 나의 일상, 욕망, 좌절, 분노를 '나'라는 개인의 문제에 한정시키지도, 주어진 관점(=결국 도덕)을 절대적 척도로 삼아서 심판하지도 않는 방식으로 '이해'하고 싶었다. 나는 도덕적인 심판자가 되고 싶은 것도 아니었고, 현실정치에 대해 해박한 지식을 갖고자 했던 것도 아니었으며, '깨어 있는' 누구누구들처럼 정의롭고 선한 편에 서고자 했던 것도 아니었다. 솔직히 말해서 핍박받는 약자들과 연대해야겠다는 생각도 아니었다. 다만 나는 나의 문제를, 아니 나 자신을 '사회적'으로 이해하고 싶었다. 막연하지만 그것이 내게는 다른 무엇보다 와 닿는 '정치'였다.

스피노자에 따르면, 우리는 사물을 필연성에 입각해 인식하는 만큼 자유롭다. 스피노자가 필연성에 입각해 인식한다고 말할 때, 그것은 어떤 사건이나 사물로부터 단일한 인과관계를 추적하는 일과는 무관하다. 그러한 '단일한 인과'란 우리가 주어진 결과에 대한 인식으로부터 출발해 사물과 사건에 사후적으로 부여한 전도된 관념일 뿐이다. 오히려 필연성에 입각해 본다는 것은, '나'라는 협소한 관점으로부터 벗어나서 사물과 사건을 인식하는 일을 말한다. 주어진 관점에 머물지 않고 끊임없이 관점을 이행해 감으로써 나 자신을 특정한 방식으로 존재하게끔 하는 조건에 대한 통찰에 이르는 것. 따라서 인식과 행위는 구분되지 않는다. 인식을 '수단으로' 삼아 자유나 실천을 모색하는 것이 아니라는 얘기다. 인식의 역량을 늘려 가는 것 자체가 곧 자유이고 기쁨이며, 이는 다른 실존의 양식을 구성한다는 점에서 가장 적극적인 실천이다. 이런 관점에서 본다면, 정치란 바로 그러한 인식-실천을 통해 자신의 존재 역량을 확장하는 과정에 다름 아니다.

스피노자의 말대로, 자연 안의 어떤 것도 독립된 실존을 갖지 않는다. 존재하는 모든 것들은 서로를 변용시키고 서로에 의해 변용되는 복잡한 연쇄작용 속에 있다. 따라서 한 개인의 존재 역량의 증대는 낯선 개체들과의 마주침을 전제하며, 동시에 그 개체를 가로지르는 연쇄작용 전체의 변이를 함축한다. 때문에 사회 안에서 살아가는 어떤 개인이 자신의 실존 역량을 증대시키고자 할 때 그가 하는 모든 행위는 '정치적'이 되지 않을 수 없다. '나 혼자' 깨달아서 '나 혼자' 자유로워지는 일은 절대로 일어나지 않는 것이다. 세포 차원에서 보더라도, 하나하나의 세포들은 다른 세포들과 결합해 더 큰, 혹은 또 다른 신체를 구성하기 위해 기존의 관계들을 절단하면서 자신의 역량을 펼쳐 내고 있는 것이다. 이런 의미에서 본다면, 정치란 특별한 것이 아니라 우리 모두에게 필수적인 것이며, 더 없이 자연스러운 것이다. 관계로부터 역량을 구성해 내는 존재의 모든 활동은 해석하고 취하고 버리는 정치인 것이다. 그렇다면 남는 문제는, 무엇이 우리에게 기쁨을, 즉 역량의 고양을 가져다주는 것이냐 하는 것이다.

내게 정치가 노잼이었던 것은 어째서일까? 내겐 싸워야 할 적과 연대해야 할 아군이 미리 정해져 있었다. 그러니 정치에 활력이 생길 리가 만무하다. 그런데 공부를 시작한 이후 내 주변에서는 이전과는 다른 마주침들이 펼쳐지고 있다. 나는 매주 부모님뻘 되는 선생님들과 함께 세미나를 하고 10대 친구들과 같이 수업을 진행하는 등 다양한 세대들과 만나고 있다. 여기서는 학교나 직장에서와 달리 정해진 역할이나 관계의 규범이 없다. 뿐만 아니라, 공부가 아니라면 도저히 접점이 없을 것만 같은 사람들, 즉 삶의 궤적이 너무나 다르거나 기질이 극과 극이거나 관심사가 달라도 너무 다른 사람들과도 예상치 못한 방식으로 관계를 형성하고 있다.

이렇게 미지의 친구들(나를 못살게 구는 적들이기도 한)을 만들어 가는 과정은 적과 아군의 뚜렷한 구도 속에서 연대하고 투쟁하는 것에 비하면 훨씬 더 불편하고 피곤한 일이기도 하다. 이는 그동안 내가 관계 맺어 온 익숙한 방식들이 깨져 나가는 과정이기 때문이다. 그러나 이들과 친구가 되는 과정 속에서 나는 내가 특정한 세대의 일원으로서 갖게 된 생각들을 거리를 두고 보게 되었고, 내 기질에서 비롯되는 편견을 더 이상 이전처럼 고수할 수 없게 되었다. 이 미지의 존재들과의 마주침은 그 자체로 나를 '사회적'으로 이해하는 일이기도 했다. 그것은 말하자면, 다양한 힘들과 사람들, 사유들과 질문들이 관통하는 가운데에서 나에 대한 이해를 구성해 가는 일이었다. 어쩌면 이렇게 낯선 관계를 실험해 가는 과정 또한, 어떤 제도를 개혁하고 정당을 지지하는 일만큼이나, 아니, 사실은 그보다도 훨씬 더 정치적인 일이 아닐까? 그렇다. 사실 나는 지금 여기에서 내 나름의 정치를 실행하고 있는 것이다!

사실 우리 연구실은 난장판이다. 사건사고가 끊이질 않는다. 누군가 공부에 지쳐 무기력증에 빠져 있는가 하면 다른 누군가는 놀고 싶은 마음에 공부에 집중하지 못하고 있고, 또 다른 누군가는 인간관계가 만들어 내는 불협화음에 신음하고 있고, 또 다른 누군가는 앞으로 무엇을 하며 어떻게 살아야 할지 몰라 방황하고 있다. 심지어는 자기 자신의 문제를 드러내지 않고 무던히 하루하루 해야 할 일을 하며 살아가는 것(직장에서는 가장 선호되는 삶의 태도가 아닐까?)조차도 '문제'가 된다. 아마도 우리가 공부를 하고 있기 때문에, 그것도 이렇게 모여서 공부를 하고 있기 때문에, 자기 자신의 유치함이나 늘 반복해 온 삶의 패턴 같은 것들에 여과 없이 직면하게 되는 것이리라. 물론 나도 나 자신의 참을 수 없는 유치함과 나약함, 비겁함을 마주하고 있다. 연구실 생활을 시작한 지 이제 만 2년이 조금 넘었는데, 벌써 지우고 싶은 부끄러운 기억들이 수두룩하다. 그러나 이러한 과정을 거치면서 나는 내가 조금씩 가벼워지고 있음을 느낀다. 서로에게 너무나 낯선 신체들이 모여서 실패를 거듭하며 구성하고 있는 가벼움. 이것이 지금 나의 정치이며 나의 정치가 구성하고 있는 기쁨이다.

정치, 즐거움의 생산

니체를 읽어 보기 전에, 나는 니체를 억압에 맞서는 '자유'의 옹호자, 낡은 것에 저항하는 새로운 것의 대변자, 모든 종류의 이상주의와 싸우는 '망치를 든' 현실주의자 정도로 생각하고 있었다. 때문에 니체를 읽기 시작했을 때 나는 니체의 주된 적들 중 하나가 바로 '자유 사상가'들이었다는 사실에 놀라지 않을 수 없었다. 소위 '진보'를 자임하는 자들, 종교나 전통·관습적 도덕에서 벗어나 '자유', '평등', '평화'와 같은 보편적 가치를 추구하는, 스스로를 '미래'라고 여기는 자들, 지금으로 치면 '리버럴리스트'들을 니체는 경멸해 마지않았다. 이들은 과거의 모든 것들에 대해서 심판자 역할을 자처한다. 과거의 모든 것들을 불합리와 미신으로 폄하한다. 그러나 그들에게 과거를 심판할 '권리'를 준 것은 누구인가? 그들은 과거의 가치들을 마음껏 조롱할 수 있을 만큼 '고귀한' 자들인가? 아니다. 이들은 단지 현재 구축되어 있는 가치와 세계를 숭배하는 '사실 숙명주의'(faitalisme)자들일 뿐이다. 그들은 자신들의 인간적인 오류를 만물의 척도로 내세우면서 보편성을 가장하는 (사실은 공허할 뿐인) 가치들의 뒤에 몸을 숨긴다.

　나 역시, 지금의 이른바 '리버럴리스트'들을 참기 힘들다. 때로는 가장 급진적인 것처럼 보이는 것들이 사실은 더없이 반동적인 경우가 있다. 내 경험으론 리버럴들이 여전히 소중히 여기는 '정치적 올바름'이 그랬다. 나는 나의 부모세대가 말하는 금욕적인 정치의 구도가 너무 답답했다. 그들은 거의 모든 경우 피해자나 약자를 자처했다. 그리고 모든 문제를 특유의 비장함으로 물들였다. 그게 싫었던 것 같다. 그러한 무거움은 근거와 당위를 소환하고 우리에게 '나아가야 할 길'을 제시한다. 대체 나아가야 할 길 같은 것이 어디 있단 말인가? 그런데, 욕하면서 닮는다고, 나 역시 어느새 '정치적 올바름'이라는 또 다른 영토에 도달해 있었다. 서로의 문화적 차이와 성적 취향, 프라이버시 따위를 존중하고, 혹시 상대를 불편하게 할지도 모를 '정치적으로 올바르지 못한' 표현들을 삼가는 것. 윤리적 소비와 같은 '올바른 라이프 스타일'을 고수하기. 여기에는 어떤 비장함도 강요도 없었지만, 무겁고 무력하기는 마찬가지였다. 그것은 상대적 차이들을 그대로 보존함으로써 현실에 순응하는 일에 지나지 않았기 때문이다. 정치적 올바름에는 올바름만 있었고, 기쁨을 생산하는 '정치의 기예'는 없었다.

정치적 올바름을 수호하는 리버럴들이 실제로 하고 있는 일은 무엇인가? 혹시 그들은 상대를 악으로 규정함으로써 스스로의 정당성을 변론하면서 끊임없이 또 다른 '규정성들'을 재생산하고 있는 건 아닐까? 이들이 말하는 정치란 사실 우리의 생명이 펼쳐내고 있는 정치를 탄압하고 무력화시키는 일이 아닐까? 스스로를 '진보'로 규정하는 자들은 자신들을 '앞으로 나아가는' 자들이라고 믿고 그로부터 스스로의 도덕적 정당성을 확인한다. 그러나 '앞'과 '뒤'라는 방향은 도대체 누가 부여해 준 것인가? 니체는 자신을 '진보'에 내어주지 않았다. 물론 '보수'에도 동화시키지 않았다. 그에게 정치란 '앞으로 나아가는' 일도, '과거의 것을 수호하는' 일도 아니었다. 얼마나 많은 방향으로 튈 것인가 혹은 얼마나 다양한 힘의

벡터들을 발명할 것인가, 니체에게는 이것만이 유일하게 정치적인 것이었다.

> 우리 실향민들.——오늘날의 유럽인들 중에는 영예로운 의미에서 자신을 실향민이라고 부를 수 있는 권리를 지닌 사람들이 있다. 나의 비밀스런 지혜와 즐거운 학문이 그들의 가슴에 분명히 새겨지기를! 그들의 운명은 가혹하고, 그들의 희망은 불확실하기 때문에 그들에게 위안을 준다는 것은 지극히 어려운 일이다.——하지만 그것이 무슨 소용이겠는가! 우리들 미래의 어린이들이 어떻게 오늘날 편안할 수 있겠는가! 이 부서지기 쉽고 허물어져버린 과도기에 아직도 고향처럼 느낄 수 있는 이상을 우리는 혐오한다. 이 과도기의 "현실"이 지속되리라는 것을 우리는 믿지 않는다. 오늘날을 뒤덮고 있는 얼음은 벌써 얇어졌다: 훈풍이 불고 있다. 우리들 실향민들은 얼음과 그 밖의 다른 지극히 얇어진 현실을 깨트리는 존재이다. 우리는 아무런 "보수적 가치"도 지키려 하지 않는다. 우리는 과거로 돌아가려 하지 않는다. 우리는 "자유주의"를 주장하지도 않는다. 우리는 "진보"를 위해 일하려 하지 않는다. (니체, 『즐거운 학문』 377절, 니체전집 12, 안성찬·홍사현 옮김, 책세상, 2005, 383쪽)

니체에게 '정치성'을 지닌 자란, 혁명에 대해서 떠드는 선동적인 사상가들도, 시국과 여론에 민감한 정치인들도, 탄압받는 민중들도 아니었다. 그 자체로 정치적인 주체나 그 자체로 진보적 가치를 담지하고 있는 정체성 같은 것은 없다. 그렇게 정치의 문제를 국민, 노동자, 여성, 흙수저 등등의 규정적 주체로 환원시키는 순간 우리는 또다시 익숙한 비난과 진부한 투쟁의 구도를 재생산하게 될 뿐이다. 니체는 진보적 정치인이 아니라 '실향민들'에 대해 말한다. 그들은 '보수적 가치'를 수호하지도, '자유주의'를 자임하지도, '진보'를 위해 봉사하지도 않는다. 어떤 이념, 가치, 정체성, 현실도, 언제든 돌아갈 수 있는 '고향'으로 삼기를 기부한다는 점에서 '실향민들'은 영예로운 자들이다. 그들은 엷어진 얼음판과도 같은, 그러나 누군가는 여전히 단단한 육지라고 믿고 있으며 다른 누군가는 어떻게든 보존하려 안간힘을 쓰는 '현실'을 과감하게 깨트린다. 무너진 현실 속에서 스스로 변이하고 다르게 관계 맺을 수 있는 이들의 역량이야말로 니체에게는 더 없이 정치적인 것이 아니었을까. 실향민이란 모든 고향-정체성으로부터의 도주다.

니체는 평생 이렇다 할 정치 운동에 가담한 적도 없고, 체계화된 정치론을 펼친 적도 없다. 그저 열렬히 공부하고, 사랑하고, 떠나기를 반복했을 뿐이다. 어쩌면 이 뜨거움, 고결함, 지고의 성실성이야말로 니체가 갖는 정치성일지도 모르겠다. 니체는 열렬히 지금 이곳을 살아냈던 것이다. 그에게는 정치, 철학, 예술, 일상 같은 영역을 분리된 채로 내버려 두지 않으려는 어떤 절박함이 있다. 삶의 순간순간들을 습관화된 패턴이나 익숙한 구도에 의존하여 흘려보내지 않는 자에게서 느껴지는 절실함. 그는 자신이 놓인 현실 바깥에 어떤 대의나 명분도 세우지 않았다. 의미나 목적이라는 이름의 '이상'과 싸우며 자신의 기쁨과 자신의 즐거움을 구성해 냈다. 그랬기 때문에 니체는 매번 현실 속에서 '현실'을 넘어갈 수 있었던 것이다. '때 아닌' 사유, '때 아닌' 웃음, '때 아닌' 긍정으로.

그러고 보면, 정치가 노잼이었던 것은 정치 때문이 아니라, 정치를 다르게 발명할 수 없는 내 무능력 때문이었던 것 같다. 즉, 기존의 의식구조와 말들에, 즉 이 엷은 얼음장 같은 '현실'에 의존하고 있었기 때문이었던 것. 도덕과 당위로 점철된 '정치'라는 영역은 그 자체로 존재하는 것도, 부모세대가 내게 강요한 것도 아니다. 단지 내가 그 영역을 나의 익숙한 고향으로 삼았던 것뿐이다. 기존의 정치에 답답함을 느끼면서도 '정치'라는 실체화된 영역 자체를 의심하지는 못했던 것이다.

정치란 무엇인가. 모르겠다. 그러나 '정치'와 '비정치'가 나뉘어 있지 않다는 건 알겠다. 나는 이제 '정치'라는 낡은 영토에 내 신체가 펼쳐 내는 정치적 활력을 빼앗기지 않을 것이다. 모든 것을 의심하고 열렬하게 부딪히면서, 마주침들로부터 기쁨을 생산해 내는 것. 이것이 지금 내가 생각하는 정치다.

나의 변신,
그리고 나의
작은 건강

'이 정도면 괜찮아' vs '노 땡큐'

『차라투스트라는 이렇게 말했다』의 첫번째 단편 「세 변화에 대하여」에서 니체는 낙타, 사자, 어린아이로 이어지는 정신의 세 변화에 대해 이야기한다. "너는 마땅히 해야 한다"라는 명령에 복종해 무던히도 짐을 지는 낙타, "나는 원한다"라고 말하며 그간 섬겨 온용을 죽이고 사막의 주인이 되고자 싸우는 사자, 망각과 순진무구함 속에서 창조의 놀이를 하는 어린아이. 낙타는 주어진 가치를 그대로 수용하는 노예적 긍정의 정신을, 사자는 창조를 위한 자유를 쟁취하기 위해 싸우는 부정의 정신을, 어린아이는 능동적이고 창조적인 긍정의 정신을 상징한다. 이는 니체의 사상이 거쳐 온 단계이기도 하고, 그의 삶의 궤적을 나타내기도 한다. 나 역시 니체를 만나고 내 나름의 변화들을 겪었고, 또 겪고 있다. 지금부터 니체와는 전혀 다른, 그러나 결코 무관하다고는 할 수 없는 나의 변화에 대해 이야기해 보려고 한다.

낙타, 사자, 어린아이의 우화를 처음 접했을 때, 우습게도 나는 내가 사자라고 생각했다. 나 스스로를 돌이켜볼 때, 난 결코 순응적이지는 않았기 때문이다. 나는 많은 것들(수업, 시험, 대학, 취직)을 거부해 왔다. '해야 한다'라는 말을 부정하고, 거부하고, 회피하며 살아왔다. 그런데 사실 이러한 나의 부정은 언제나 기묘한 긍정과 짝을 이루고 있었다. 동시에 나는 늘 '이 정도면 괜찮아'라는 감각으로 살아왔던 거다. 이루고 싶은 꿈도, 되고 싶은 것도 없고, 지금의 현실에 딱히 불만도 없다. 별로 바꾸고 싶은 것도 없고, 싸우고 싶은 적도 없다. '사회'에 대한 불만도 절실히 느끼지는 않는다. 지금의 안온하고 평화로운 일상이 계속되기를 바랄 뿐. 어쩌면 나는, 내가 스스로에 부여한 관념적 이미지(사자!)와 달리 더없이 보수적인 긍정의 인간이었던 건지도.

그렇다면 나의 부정은 무엇이었을까? 나는 무엇을 거부해 왔던가? 그래, 생각해 보면 나는 부정했다기보다는 거부했다. 사회적 규범이, 주변의 어른들이, 어쩔 수 없이 노동을 해야 하는 상황이 나의 '별일 없는' 삶에 개입하여 그 균형을 깨트리고 나를 귀찮게 하는 것이 너무 싫었다. 나는 나에게 참견하는 모든 이들에게 나는 알아서 살 테니 제발 건드리지 말라고 말해 왔다. 그들의 기분이 상하지 않을 정도의 예의를 갖춰서, "노 땡큐"라고. 따지고 보면, '너는 마땅히 해야 한다'라는 말을 가장 신랄하게 비판할 때조차 내가 욕망했던 것은 고작 현상유지였다. 라디오헤드의 가사처럼 "부디 어떤 놀람도 불안도 없기를"(No alarms and no surprises, please). 나의 부정은 나를 '이런 방식으로' 살아가게 만드는 균형들이 아니라 그러한 균형을 깨는 모든 외부적인 것들을 향하고 있었다.

나는 낙타도, 사자도 될 수 없었다. 그러면서도 낙타를, 또 사자를 동경했다. 그것이 경멸할 만한 것일지라도 무언가를 진심으로 믿고 또 그것을 위해 온 힘을 다할 수 있는 사람들이 대단해 보였다. 가령 부자가 되기 위해 모든 노력을 기울이는 단순한(?) 사람들. 다른 한편, 조금 촌스럽고 조야할지언정 진지하게 부정하는 이들 또한 멋져 보였다. 시민단체에서 활동하는 친구나 스스로를 페미니스트라고 소개하는 친구처럼. 그러나 동시에 나는 양쪽 모두를 냉소했다. 양쪽 모두를 냉소하는 것만이 내가 나 자신을 긍정할 수 있는 유일한 길이었던 것. 낙타도 사자도 아닌, 말하자면 고양이나 두더지에 가까운(?). 나는 무엇도 짊어지지 않으려 했지만, 그렇다고 사자처럼 "나는 원한다"고 당당히 외칠 수도 없었다. 나는 나 자신의 긍정과 부정, 동경과 냉소 사이에 갇혀 있었다. 수동적 긍정과 수동적 부정, 그것이 내가 달고 다니던 두 개의 혹이었다. 나의 반쪽짜리 긍정과 부정 모두는 나의 기묘한 낙타성을 증명한다.

나는 원한다, 그러므로 나는 부정한다

공부를 시작해야겠다고 생각했을 때, 정확히 의식하지는 못했지만 뭔가를 끊어 내고 싶다는 욕구로 가득 차 있었던 것 같다. 무엇을 끊어 내고 싶었던 걸까? 어떤 경위를 통해서였는지는 모르겠지만 나는 내가 끊어 내고 싶던 모든 것을 '냉소'에 투사했다. 냉소야말로 악의 근원이다! 나는 냉소와 무기력이라는 말로 나와 나의 세대를 진단하고 그로부터 나쓰메 소세키, 장자, 스피노자, 들뢰즈-가타리, 푸코 등과 만나고자 했다. 그러나 그렇게 쓴 매번의 에세이들은 공허할 뿐이었다. 나도 모르는 사이에 '냉소'를 극복해야 할 무엇으로 규정하고, 텍스트로부터 내 구도에 들어맞는 말들만을 찾아내고자 했기 때문일 것이다.

니체를 읽고 글을 쓰기 시작한 이후로 서서히 깨닫게 된 한 가지는, 내가 나 자신에 대해 너무나 무지하다는 것이다. 나는 나 자신에 대해서 몇 가지 규정들(혹은 이미지들)만을 가지고 있을 뿐이었다. 어떠한 경위를 통해서 그러한 규정들을 갖게 되었는지는 전혀 알지 못한 채 그것만이 나 자신이고 내 세상이라고 믿었다. 그리고 그러한 규정에 의존하는 동안에는 나 자신과 세계에 대해 '도덕적인' 판결을 내릴 수 있을 뿐이었다. 나는 냉소적이다. 냉소는 나쁘다. '그러므로' 그것을 극복'해야 한다'. 그런 점에서 낙타는 자기 자신에 대해 무지한, 혹은 자기 자신을 회피하려는 자가 아닐까? 그러나 철학이란 무엇이 진정 옳고 그른지를 아는 것이 아니라 옳고 그름의 도덕적 전제를 벗어나서 내가 옳다고 믿어온 것은 무엇인지, 그리고 그것을 믿고 있는 나 자신은 누구인지를 이해해가는 과정이다. 그리고 그러한 과정을 통해서만 진정한 '부정'을 시작할 수 있다.

　　나의 사자는 니체와 함께, 조용하고 느리게 찾아왔다. 니체에 따르면 사자는 "나는 원한다"라고 말하면서, "너는 마땅히 해야 한다"라고 말하는 용과 싸운다. '해야 한다'와 '원한다'의 차이는 뭘까? '해야 한다'라는 말을 내면화한 낙타들은 늘 스스로의 욕망과 의무를 분리시킨다. 낙타는 무력한 현 상태를 긍정하기 위해서 자신의 욕망을 신성한 목적들과 당위들로 포장하지 않으면 안 되는 것이다. 그러나 사자는 그러한 구분을 모른다. 어떤 정당화도 없이 자신의 욕망에 직면하는 것이 사자의 싸움이다. 그러나 그러기 위해서는 먼저, 스스로 짐을 짊어짐으로써 자신에 대한 병적인 긍정을 구하는 데 이용해 온 모든 도그마들과 싸움을 벌여야 한다. 자신의 욕망에 직면한 사자는 "나는 원한다"라는 선언으로 비늘 하나하나에 "너는 마땅히 해야 한다"라는 명령을 새기고 있는 용을 쓰러뜨린다.

누군가에게 말을 건네고 싶어 글을 쓰기 시작했지만, 정작 그간의 글쓰기는 나 자신을 만나는 과정이었다. 그것은 내가 섬겨 온 용과 싸움을 벌이는 과정이었다. 내가 품어 온 환상들, 내가 중요하다고 믿어 온 것들, 당연하다고 생각한 전제들을 하나씩, 조금씩, 다시 체험하는 과정이었다. 그리고 그렇게 나 자신을 알아가게 되는 과정은 이전의 나로부터 떠나는 과정이기도 했다. 내가 신성시했던 것들, '이것이야말로 나'라고 믿어 온 것들과 '이것이야말로 바꿀 수 없는 삶의 진면목'이라고 생각했던 것들에 '자의와 미망'을 되돌려주는 일이었다. 내가 믿어 온 현실에서 우연에 반하는 필연성들을 제거하는 것. 이것이 내가 니체를 읽고 글을 쓰는 동안 자의식에 걸려 넘어지고 습관에 발목 잡혀 가며 시도했던 것이(었나 보)다.

여전히 내가 뭘 원하는지는 잘 모르겠다. 그렇지만 적어도 내가 무엇을 원하지 않는지는 알게 되었다. 더 이상 나를 왜소하게 만드는 자기애와, 일상을 권태와 공허로 도배하게 만드는 비일상에 대한 무력한 환상이 나를 지배하도록 내버려 두지는 않을 것이다. 하여, 이제야 비로소 나는 부정할 수 있을 것 같다. 나의 긍정과 부정을 넘어서 내가 사랑하고 믿어 온 것들에 대해 신성하게 "아니오"라고 말할 수 있을 것 같다. 나 자신이 사자라고 믿었던, 그러나 뼛속 깊이 낙타였던 나는, 이제야 조금씩 사자가 되어 가고 있음을 느낀다.

지금, 여기에서의 창조

사자도 되기 힘든 나에게, 니체는 어린아이가 되라고 말한다. 이제 겨우 낙타에서 벗어나고 있는 중인데 말이다. 어린아이의 신성한 긍정이 무엇인지는 아직 감도 안 잡힌다. 그러나 무엇이 신성한 긍정이 아닌지는 알고 있다. '창조'를 수반하지 않는 긍정, 즉 창조하지 않고 긍정하는 자는 모두 낙타이다. 그러한 긍정이란 '주어진 가치'에 대한 수동적 타협 내지는 수긍일 뿐이기 때문이다. 자연을 보라. 자연에 그 자체로 주어진 의미나 가치는 없다. 모든 것은 관계 속에서, 다시 말해 생성 속에서 출현한 것일 뿐이다. '출현한 것'을 '주어진 것'으로 둔갑시키는 것은 우리의 무력한 인식이다. 그리고 무력한 인식의 무력한 긍정은, 일일이 고민하고 판단하고 평가하는 과정의 지난함과 성실함을 회피하려는 게으름의 표현이다.

그렇다면 '창조'한다는 것은 뭘까? 낙타답게도, 난 그것을 너무 거대하게 생각하고 있었다. 마치 이전까지는 존재한 적 없었던 나만의 '오리지널'한 가치기준을 정립하거나, 세계를 인식하고 감각하는 방식이 완벽하게 달라지기라도 해야 할 것처럼 말이다. 그저 내가 '하지 않고' 있는 것을 절대 도달 불가능하고 해석 불가능한 무엇이라고 신비화해 왔던 것이다.

　그러나 니체는 그처럼 '거대한' 차원에서 시작하지 않는다. "몸과 정신/ 정열/ 악/ 공동체―도덕/ 삶과 죽음/ 양심, 벌, 죄/ 칭찬과 비난/ 목적, 의지/ 무관심/ 방황으로서의 삶"(니체, 『유고(1881년 봄~1882년 여름)』 11[76], 니체전집 12, 안성찬·홍사현 옮김, 책세상, 2005, 458쪽)에 대한 가치 평가를 변화시키는 것이 니체가 자기 자신에게 부과한 유일한 임무였다. 창조란 무(無)에서 유(有)를 만들어 내는 것이 아니다. 있음과 없음의 관념적 대립으로부터 벗어나서 본다면, 창조란 결국 내가 나를 둘러싼 모든 것들과 관계 맺는 방식을 바꾸는 일일 것이다. 이러한 작업에는 도달해야 할 궁극적 목표 같은 것은 없고, 때문에 사소하고 무가치한 싸움도 없다.

　처음 니체를 읽었을 때는, 그의 사유가 지닌 과격성이나 그의 사상에서 느껴지는 허무주의적 느낌에(혹은 허무주의를 두려워하지 않는 과감함에) 끌렸다. 요즘엔 니체가 다른 무엇보다도 허무주의에 반(反)한다는 느낌을 받는다. 니체가 형이상학의 인간적인 전제들을 폭로하고 도덕의 자명성에 회색의 기원을 되돌려줄 때, 그는 결코 모든 것을 무(無)로 돌리고자 했던 것이 아니다. 니체는 도그마들과 싸우며 모든 곳에서 창조의 가능성을 발견했던 게 아닐까. 그는 말한다. 자신이 '근원의 무의미성'에 다가갈수록 가까이 있는 것들은 "꿈에도 상상하지 못했던 색채와 아름다움, 그리고 수수께끼와 의미의 풍요로움"(니체, 『아침놀』 44절, 니체전집 10, 박찬국 옮김, 책세상, 2004, 60쪽)으로 드러나기 시작한다고. 내가 무시했던 일상의 아주 사소한 것들이 니체에게는 사유의 재료가 되고 투쟁의 지점이 된다. 내가 니체로부터 더 배우고 싶은 것은 바로 그러한 감각이다. 언제 어디서든 사유를 시작할 수 있는 명랑함. 사소하고 작은 것들을 놓치지 않는 섬세함. '지금 여기'를 방기하지 않는 성실함. 어쩌면 그것이 니체가 말한 어린아이의 순진무구함이 아닐까.

철학, 건강의 기예

나는 한동안 무거웠다. 생각도 글도 물먹은 솜덩어리만 같았다. 늘 질문했다. 대체 무엇이 나를 어린아이처럼 가벼워지지 못하게 만드는 걸까? 내가 구한 답은 이거다. 여전히 '중요한' 것들, 정확히 말하면 내가 '중요하다'라고 특권화시켜 놓은 것들 너무나 많다는 것. 내가 달아 놓은 저울추들이 나를 끌어당기는 중력으로 작동하고 있었던 것이다. 사실 철학도 내가 의미를 부여한 '중요한 것들' 중 하나다. 철학에 대해서는 '아무 말'이나 해서는 안 될 것 같고, 그 안에는 다른 무엇보다 중요한 뭔가가 있을 것 같고, 철학만의 고유한 세계가 있어서 거기에 들어가려면 '중요한' 철학적 개념들과 사유들을 이해해야 할 것만 같고…. 역설적이게도, 니체를 읽는 동안 나는 알게 모르게 철학에 대한 환상을 키워 왔던 듯하다. 니체의 날카로운 통찰과 위대한 사유에 복종해야 할 것만 같았다. 그러나 정작 니체 자신에게는 철학에 대한 어떤 거창한 의미부여도 없었다. 니체에게 철학이란 '두뇌라는 우회로를 통해 건강을 추구하려는 본능'에 다름 아니다.

이 철학 전체는 그것의 모든 우회로와 함께 어디로 가려 하는 것인가? 그것은 말하자면 하나의 지속적이고 강한 충동을 이성으로 번역하는 것 이상의 일을 하는가? 이러한 충동이란 부드러운 태양, 밝고 생동하는 대기, 남쪽의 식물, 바다의 숨결, 고기와 계란과 과일로 이루어진 가벼운 식사, 뜨거운 음료수, 며칠 동안의 조용한 산책, 적은 말수, 드물지만 신중한 독서, 혼자 거주함, 청결하고 질박하며 거의 군인 같은 생활 습관, 요컨대 내 취미에 가장 적합하고 내게 가장 도움이 되는 모든 것들에 대한 충동이다. 근본적으로 철학은 개인이 건강해지는 법에 대한 본능이 아닐까? 나의 대기, 나의 높이, 나의 기후, 나름대로의 건강을 두뇌라는 우회로를 통해 추구하려는 본능이 아닐까?(프리드리히 니체, 『아침놀』 553절, 니체전집 10, 박찬국 옮김, 책세상, 2004, 413쪽)

니체가 철학에서 제기하는 질문은 하나다. 어떻게 건강해질 것인가? 그리고 그는 하나의 건강법으로서 자신의 철학을 발명했다. "부드러운 태양, 밝고 생동하는 대기, 남쪽의 식물, 바다의 숨결, 고기와 계란과 과일로 이루어진 가벼운 식사, 뜨거운 음료수, 며칠 동안의 조용한 산책…." 니체는 당위로부터가 아니라 자신에게 가장 적합하고 도움이 되는 것들에 대한 충동으로부터 철학을 구성해 냈다. 즉 자신의 신체와 환경을 언어로 번역해 낸 결과물이 그의 철학인 것이다. 따라서 니체에게는 대문자 철학이란 있을 수 없다. 우리의 신체는 다양하고, 그만큼의 건강(과 병)이 존재하기 때문이다. 나의 건강은 니체의 건강과 같을 수 없다. '보편적인 몸',

'보편적인 병', '보편적인 건강'이 있을 수 없다면, '보편적 철학' 또한 있을 수 없다.

내가 니체를 읽고 글을 써 온 그 과정은 무엇이었을까? 그것은 니체의 개념을 이해하고 습득하는 과정이었을까? 아니면 결과물로서의 글을 생산하는 과정이었을까? 그것은 무엇보다, 나 자신의 건강을 발명하기를 시도하는 과정이었다. 그러나 그러기 위해서는 우선 나의 병들을 마주하지 않을 수 없었다. 건강이란 병이나 고통이 없는 상태가 아니라, 자신의 일부이기도 한 내부/외부의 타자들과 다른 방식으로 관계를 맺을 수 있는 역량이다. 시시각각 변하는 환경과 더불어 스스로를 바꾸어 내며 접속과 변이의 역량을 펼쳐 낼 수 없다면, 건강한 자도 병자다.

평생 병고에 시달렸던 니체는 '건강한 상태'를 관념적으로 꿈꾸는 대신 병이라는 현재적 조건과 어떻게 다르게 관계 맺을 것인지를 고민했다. 그리고 그렇게 시도하는 만큼 니체는 가벼워질 수 있었다. 각자의 고유한 병과 무관하게 건강에 도달할 수 없는 것처럼, 나의 무거움을 마주하는 과정 없이 이르게 되는 가벼움이란 없다. 니체는 그런 점에서 '긍정의 기예'를 선물한다. 환상을 구축하는 대신, 병이 없는 상태를 꿈꾸는 대신, 너의 병과 불확실한 현실을 똑바로 보라!

나는 계속 철학을 할 것이다. 아마도 다시 무언가에 의미를 부여하고, 어떤 환상을 만들어 내고, 습관에 걸려 넘어지기를 반복하게 될 것이다. 그러나 더럽고 추하고 지리멸렬한 그 과정들을 긍정하는 것, 그리고 다시 한번 시도하는 것이야말로 가벼움이라는 걸 조금은 알 것 같다. 나의 그 모든 무거움에도 불구하고 이제 '나의 철학'을 시작해 볼 수 있을 것 같다. 적어도 시작해 보고 싶어졌다. 그렇게 나는 조금씩 건강해지고 있다.